健康維持増進住宅のすすめ

なぜ今、住まいの健康か

編著 財団法人 建築環境・省エネルギー機構

編集協力 健康維持増進住宅研究委員会
健康維持増進住宅研究コンソーシアム

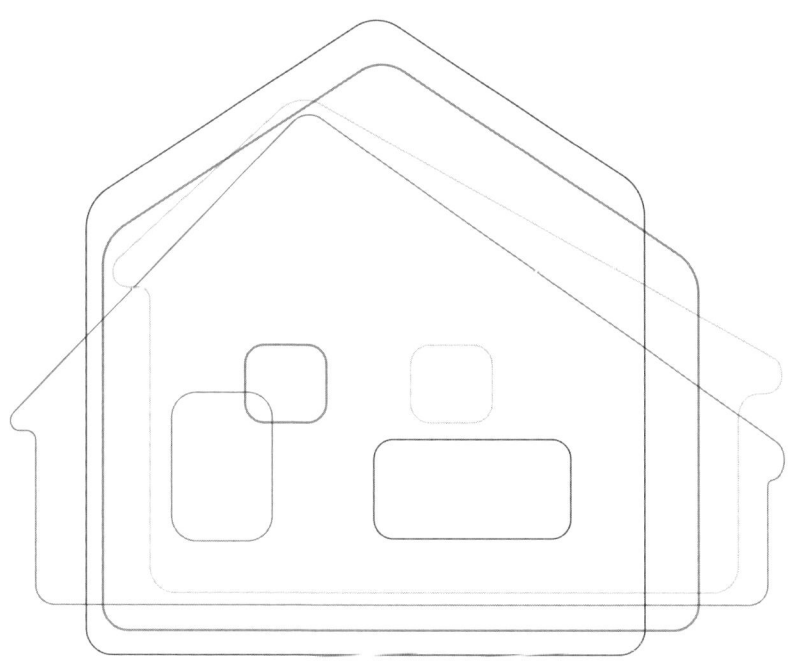

大成出版社

装幀　道吉　剛

はしがき

　健康ブームが続いています。病気やけがをしないで暮らしたい、健全に長生きしたいというのはみんなの願いではないでしょうか。そんなニーズに対応して、健康補助食品や健康器具など、健康にかかわる様々な商品や食品がうまれ、店頭にあふれています。インターネットで検索しても、これらの商品や情報が数えきれないくらいに出てきます。どれを選べばよいのか、迷ってしまうほどです。

　わたしたちの住まいや建築も例外ではありません。その中で病気にならない、けがをしないのは当たり前のことです。したがって、ふだんの暮らしの中で、約9割の時間を過ごすといわれる住まいや建築に健康を損なうものがあれば、大変なことになります。ところが、十数年前、その大変なことが社会問題になりました。シックハウスです。記憶されている方も多いことでしょう。幸い、官学民の協力で建築基準法が改正され、より安全な材料も普及して、格段に被害例も減少し、今は落ち着いている状況です。

　しかし、本当に住まいに健康を損なう要因はなくなったのでしょうか？

　あるいは、居ながらにして健康が維持され、増進されるような建物はできるのでしょうか？

　住まいの健康に関しても多くの情報が氾濫しています。その中から自分に必要な"正しい"情報を選択することは容易ではありません。そこで、本書では、住宅・建築に係る範囲に的を絞って、既存の情報・資料・データを整理し、できるだけ科学的に信頼できる健康情報を提供することを意図しました。この本の基礎

は、2007年に開始された「健康維持増進住宅研究委員会[*1]」と「健康維持増進研究コンソーシアム[*2]」の活動の成果に基づいています。健康を阻害するマイナス要因だけではなく、より積極的に健康にプラスとなるようなことも検討してきました。また、単に住まい・建築にとどまらず、暮らしを支えるコミュニティにも範囲を広げて検討しています。

　これらの成果を、これからの健康な暮らしのあり方を考え・実行するために必要な資料として、できるだけわかりやすくまとめました。本書が、少しでも皆さんの健康な暮らしに役立てば幸いです。そして、そのように活用されることを期待します。

　最後に、多くの関係者の真摯な取り組みやご協力に感謝申し上げる次第です。

平成21年10月

「健康維持増進住宅研究委員会」委員長
「健康維持増進研究コンソーシアム」会長
　　　独立行政法人建築研究所理事長　　村上　周三

＊1 「健康維持増進住宅研究委員会」(村上周三委員長)
　　国土交通省に設置され、国費により研究開発を実施
＊2 「健康維持増進研究コンソーシアム」(村上周三会長)
　　㈶建築環境・省エネルギー機構に設置され、民間支援により具体の技術開発等を実施

目次 CONTENTS

はしがき

I 健康維持増進住宅とは

1 なぜ今、住まいの健康か ……………………………………2
　——健康維持増進住宅プロジェクト
2 予防医学からみた健康な住まいの必要性 …………………8
3 住宅設計における健康という課題 …………………………10

II くらしの中での健康問題

1 住環境と健康度との関係 ……………………………………14
2 アレルギー性疾患と住環境 …………………………………22
3 VOCとシックハウス …………………………………………31
4 ヒートショックによる入浴死について ……………………41
5 ダンプビルディング …………………………………………46
6 屋外環境の影響 ………………………………………………53
7 健康影響を減らすライフスタイル …………………………61
8 健康な住まいを作る技術 ……………………………………66

Ⅲ これからの住まいと健康（健康増進部会の成果より）

1　健康増進住宅の考え方 ……………………………………74
2　健康維持増進住宅に関するキーワード抽出のための
　　アンケート調査 ……………………………………………81
3　健康増進における住宅の役割に関する生活者の認識
　　―健康維持増進住宅に関するインターネット・アンケート
　　― ……………………………………………………………89
4　心と体に優しい木材・建材 ………………………………95
5　浴室のリラックス・リフレッシュ効果 …………………99
6　健康な住まいのための冷暖房 ―高気密・高断熱住宅の
　　普及における最新の冷暖房機器の紹介― ………………105
7　心の健康を支えるペット・植物 …………………………111
8　健康を増進する睡眠・身体活動 …………………………115

Ⅳ コミュニティと健康（健康コミュニティ推進部会の成果より）

1　健康を創り出す地域コミュニティと住居 ………………122
2　健康とコミュニティの関わりを探る ……………………128
3　中山間地域の健康コミュニティの事例 ―高知県檮原
　　町の調査結果 ………………………………………………133

Ⅴ 内外の先進事例

1　カナダ・アメリカの先進的研究事例の紹介　…………………142
2　ヨーロッパにおける評価制度の紹介　…………………150

Ⅵ 設計コンペより

1　コンペの概要について　……………………………………164
2　コンペを振り返って　………………………………………178

|住まいのコラム|　風水と房屋病　……………………………………181

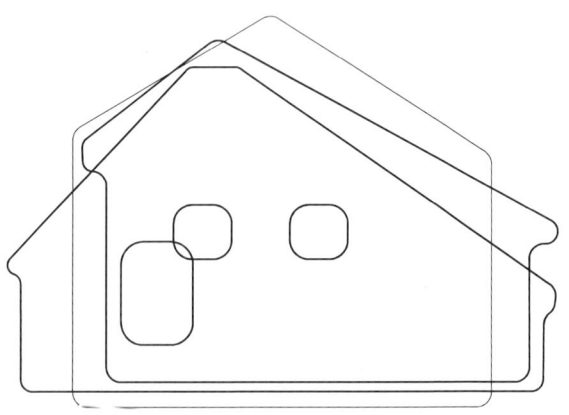

I 健康維持増進住宅とは

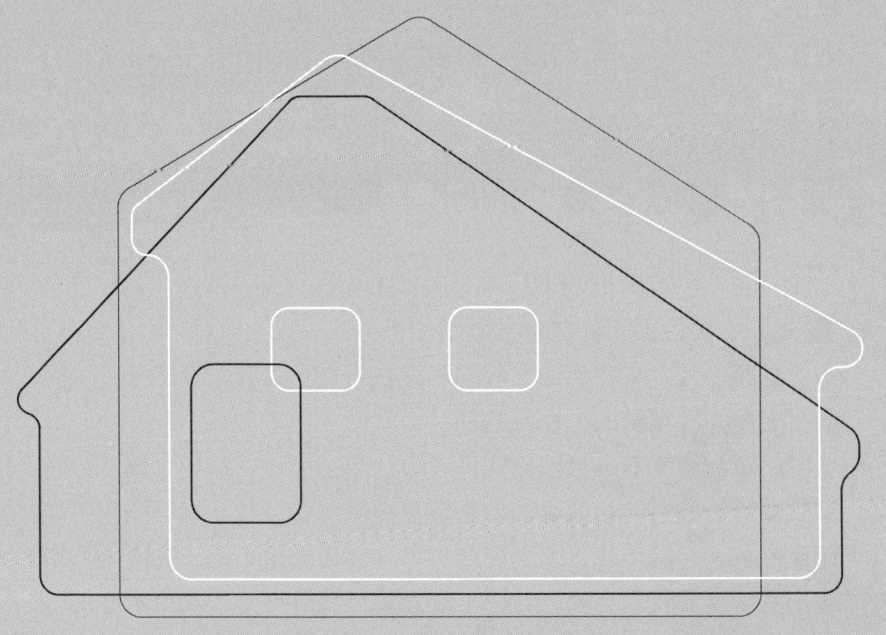

① なぜ今、住まいの健康か
——健康維持増進住宅プロジェクト

独立行政法人建築研究所　理事長　村上 周三

 はじめに

　日本の住宅供給の世界は、量的充足から質的向上の時代に入る一方、厳しい低炭素化の要請で、資源・エネルギーの節約時代を迎えつつあります。さらに、高齢化、情報化や、住環境の高性能化が進行する中で、成熟した日本社会は、健康サービスについても質的向上を求める時代に入っており、新しい健康サービスを提供する住宅のあり方が模索されています。本稿では、このような背景を踏まえて企画された、健康維持増進住宅プロジェクトについて、解説します。

 健康とは：WHOの定義

　WHO（世界保健機関、World Health Organization）は、"健康"を次のように定義しています。
　"健康とは、単に疾病・病弱が存在しないことだけでなく、完全な肉体的、精神的、社会的福祉の状態である"
　病いを治療するのは医療関係者の仕事ですが、病いに罹るのを未然に防ぐ健康的な住まいの基盤を提供するのは、建築関係者の責務です。2007年度に国土交通省の主導で発足した「健康維持増進住宅研究委員会」は、このような視点に立って、次に示す二つ

のテーマを研究活動の柱としています。
1）健康維持のための「健康影響低減」
2）健康増進のための「福利・厚生向上」

 委員会発足の背景

　健康維持増進住宅研究委員会が発足した背景として、住宅供給や健康サービスに係わる内的要因や外的要因を指摘することができます。現行内的要因の代表的なものには、20世紀終盤、日本の住宅事情が量的充足から質的向上を目指す時代に入ったということがあります。質的向上はさまざまな面で達成されつつありますが、同時に、住宅が提供する健康にかかわるサービスについても、要求条件が高まりつつあります。一方で、質的向上がもたらす副作用とも言うべき新たな健康問題も発生しています。その典型が、シックハウスやアレルギー疾患増加の問題です。

　成熟社会の日本では、健康に対する関心が一層高まりつつあり、健康を維持・増進し、豊かな生活の基盤となるような、従来とは異なる付加価値を有する住宅の需要が顕在化しつつあります。このような新しいコンセプトの住宅の計画については、行政、産業、学会を問わず研究蓄積は未熟で、これに関する研究を推進する必要性は高いものがあります。

　外的要因の代表的なものは、日本が現在、人類の歴史に例を見ない速い速度で高齢社会を迎えつつあることです。同時に進行しているのが人口減少です。過去に経験のないこのような社会の到来に伴って、高齢者の自己実現、医療財政の健全化、人口減少時代における労働力確保などの解決すべき新たな課題に直面しています。そのため、高齢者に関して、「生涯現役」、「アクティブ・エイジング」などの目標が、医学、経済学、社会学、建築学などの諸分野から提案されており、住宅供給の立場からも、この目標

に貢献することが求められているのです。

この目標を達成するための技術開発の恩恵は、高齢者のみに及ぶものではなく、若年層を含め全世代がその恩恵を享受することができるものと考えてよいでしょう。

もともと家庭を中心になされていた医療行為が、20世紀に入ってからは、もっぱら病院でなされる傾向が強くなりました。しかし、21世紀には、改めて医療サービスの多くが家庭に帰ってくると予想されています。これをもたらす背景として、高齢・人口減少社会の進展、住宅における健康サービス支援機能の向上、医療に係わる情報技術の進歩などを挙げることができます。この面からも、新しい健康サービスのあり方が検討されるべきです。

③ オタワ憲章とヘルスプロモーション

WHOが定義する広義の健康状態を確保するためには、日常生活の基盤を構成する住宅やコミュニティが、適切に設計されなければなりません。

WHOは、オタワ憲章（1986年）において、健康を毎日の生活のための資源とみなし、"ヘルスプロモーション"の理念を提示しています。ここで、ヘルスプロモーションは、保険医療部門だけに委ねられる責務でなく、健康的なライフスタイルの創造や福利、厚生の向上にまで及ぶ幅広い概念であるとされています。

すなわち、私たちが健康的な生活を営むためには、住宅や地域計画を含め、健康に係わる社会全体のソーシャルキャピタルの整備が必要とされるのです。これからの住宅供給政策は、オタワ憲章が提起するヘルスプロモーションの側面までも視野に入れ、健康の維持・増進に関して付加価値の高い住宅供給を目指すべきでしょう。

建築学、医学における新しい領域の開拓と住宅産業振興

　建築学や医学の分野では、19世紀以来、衛生・快適などの観点から、換気・通風などをはじめとして、屋内居住環境に関して幅広い研究がなされてきました。

　20世紀後半から急速に進展した住宅性能の高度化は、新たな屋内環境問題を引き起こしました。前述のシックハウスやアレルギー疾患増加問題は、化学物質による汚染や、カビ・ダニなどの生物による汚染に由来するもので、人工建材や建物の高気密化等がもたらした、典型的な副作用型の健康障害問題です。このような化石エネルギーに依存して進展した居住環境の人工化に関しても、暖房・冷房時の快適性をはじめとして、多様な研究がなされてきています。

　高齢化、低炭素化などの社会変革や、人工環境化などの技術革新が、新たな屋内環境問題を発生させるに至り、これに対応しうる健康サービスのあり方を研究するため、建築環境学や環境医学などの過去の研究蓄積を踏まえて、本委員会では、次の二つを研究計画の基本としています。

1）健康に対するネガティブな影響を除去して、健康負荷を軽減することにより、健康状態の維持をより強固なものとする。
2）WHOのオタワ憲章に示されるヘルスプロモーションの考え方に従い、肉体・精神や社会の、健康に関してより活性度の高い状態を実現するため、健康増進により福利・厚生の向上を図る。

　この基本計画に基づいて、健康維持増進住宅研究委員会では、建築学、医学を中心とする幅広い専門家の参加を得て、健康の維

持・増進のメカニズムや、それを実現する住宅、コミュニティ計画などに関する研究開発を幅広く実施しています。このような研究は、建築学や医学などでなされてきた既往の研究蓄積を踏まえて、これらをさらに発展させ、新しい学問領域を開拓し、新しい住宅のコンセプトを提供することを目指しています。その意味では、この研究は住宅、コミュニティに関わる多くの産業に、健康維持増進という視点からのニューフロンティアを提供するものであり、産業界への貢献も大きいと考えます。

⑤ 文明のパラダイムシフトと新しい価値観としての福利・厚生

　21世紀の日本社会は、さまざまな困難に直面しています。健康問題とかかわりの深いのが、前述の高齢化・人口減少問題です。最も困難と位置づけられるのが、深刻化する一方の地球環境問題の解決で、この問題も、広い意味で健康問題とのかかわりは深いのです。

　これらの困難を解決するために、私たちは、新しい社会のデザインという課題を背負うことになったのです。すなわち、20世紀の大量消費文明を克服する新しい文明の構築に向けて、パラダイムシフトを迫られておりまして、そのためには、物質に代わる新しい価値を見いだす必要があります。

　新たに実現すべき低炭素社会において規範となるべきものは、資源・エネルギー消費に過度に依存しないライフスタイルです。高齢化・成熟した日本社会において、このようなライフスタイルの普及を推進する際、物質信奉とは異なる価値観を生み出す源泉の一つとして、健康維持増進のもたらす福利・厚生の向上という概念の有効さを指摘することができます。この理念は、地球環境時代の人類が物質信奉に代わって共有しうる、普遍的なものにな

り得ると考えます。

　CO_2排出量の80％削減を迫られる低炭素社会では、我々の家庭生活に根本的な変革が必要とされます。新しい価値観の下でその変革を推進し、低炭素社会、高齢化社会における新たな健康サービス像や住宅像を追求すべきなのです。

 ## おわりに

　低炭素社会や高齢化社会への対応という緊急性の高い社会的課題は、日本に限らず、先進国や新興国が今後共通に抱える政策課題です。健康維持増進という新しい健康サービスのあり方も、このようなマクロなトレンドの中に位置づけて考察することが適切であり、それにより、日本が先導する形の国際的技術協力の展開を期待することができるものと考えます。

　本委員会で推進される健康維持増進に係わる幅広い研究活動が、21世紀の低炭素社会や高齢化社会における新しい健康サービス像やそれに基づく新しい生活像・住宅増の構築に、少しでも貢献することができれば幸いであると考えております。

② 予防医学からみた健康な住まいの必要性

東海大学医学部（医学科）基礎医学系生体構造機能学領域　教授
東海大学大学院医学研究科先端医科学専攻　教授
北里大学 北里研究所病院臨床環境医学センター　センター長　坂部　貢

 健康生活のために住まいを重視する

　予防医学の目的は、疾病の予防と健康維持増進です。予防には第一次予防から第三次予防まであり（表参照）、最近では、「胎児期の予防」として第０次予防という概念も加わってきています。

　これらの予防の段階でもっとも重要なのは、生活環境を改善し、予防対策を図り、その結果として健康を維持増進させること、すなわち第一次予防です。

　私たちの健康に影響を及ぼす因子には、外的因子と内的因子がありますが、外的因子＝環境要因であり、内的因子＝宿主要因・個人差要因（いわゆる体質）です。先天性の代謝疾患に代表されるような特定の遺伝要因によって生じる健康障害を除き、健康障害の多くは、環境要因が大きく関係していることが知られています。環境要因として、化学的要因、生物的要因、物理的要因、心理社会的要因が挙げられますが、健康障害は、これらの因子が複雑に絡み合って生じています。つまり、健康な生活を過ごすためには、これらの環境因子を可能な限り低減することが重要です。

　我々が「健康的な生活」を考えるとき、食べ物と健康、運動と健康、心の健康など、直接個人の健康水準の改善を目標とし、個人の行動の変容とライフスタイルの改善に目を向ける場合が多いのですが、それだけでは不十分で、住まいの役割をもっと重要視

すべきです。

　住まいは「住生活の場」であり、私たちはそこで人生の大半を過ごすことになります。何よりも住まいは、前述した外的因子―化学的要因、生物的要因、物理的要因、心理社会的要因等の環境要因すべてを含むものですから、健康な住生活を営むためには、快適性、保健性、安全性、利便性等について科学的に考えられた住まいが不可欠です。主として化学的要因によって生じるシックハウス症候群、ダニ等の生物的要因で生じるアレルギー疾患、低周波音による睡眠障害等、私たちは、多くの住まいに関連する健康障害をこれまでに経験しています。そして、現在まで学際的な取り組みが積極的に行われ、多くの住まいに関連した健康障害の発生数を減少させることができました。今後は、予防医学的見地から、さらには、健康維持増進を育成するための「住まい」のあり方を十分に認識する必要性があります。

② 予防の段階：第一次～第三次予防

第一次予防	①健康増進：生活環境改善、保健教育、定期健康診査など ②特異的予防：予防接種、個人衛生、病原性物質の除去（空気汚染、水汚染など）
第二次予防	①早期診断、早期治療 ②重症化の防止
第三次予防	①再発防止 ②リハビリテーション・社会復帰

③ 住宅設計における健康という課題

首都大学東京大学院 都市環境学環建築学域 准教授　小泉 雅生

 はじめに

　健康増進部会が行ったアンケートによると、健康増進のために住宅が果たす役割について、8割を超える人が「とても重要である」もしくは「まあ重要である」と回答しています。では具体的に、住まいを計画・設計するにあたって、どのようにすれば健康維持や増進につなげていけるのでしょうか。実際に設計を進めていく視点で見てみたいと思います。

 住まいにおける健康像は一様ではない

　住まいにおける健康を見ていく上で、まず考えなければならないのは、それぞれの身体状況やライフステージ・ライフスタイルによって、求められる健康像が大きく違う、ということです。若い人がアクティブに健康を推進する部分もあれば、高齢の方が安定して静かに健康を維持することを求める部分もあるでしょう。一方で、家の中で不用意に怪我をしたり事故に遭ったりしたくないというのは、皆さん共通のことといえます。住まいにおける「健康」といっても、いろいろなレベルがあるということが理解いただけると思います。

住まいにおける健康の3つのレベル

そこで、住まいにおいて「健康」を実現（維持・増進）するための技術や要素を、「基本」「推奨」「選択」の3つのレベルに分けて考えていきたいと思います。

まず、「基本」とは、すべての人の健康維持・増進に役立つことです。生活していく上で誰もが必要とすることです。これが損なわれると、直接健康を害することにつながってしまうというものです。分かりやすくするために、食事や食物になぞらえれば、「毒が入っていない」ということです。

次に、「推奨」とは、多くの人々に対して健康維持増進に役立つと推奨できるということです。皆さんの健康維持増進のために、できるだけ配慮していただきたい事項です。これを無視するとすぐに健康を害する、ということではないかもしれませんが、長期的に見ると、健康に大きな影響を与えることが想定される事項です。先ほど同様、食事に即していえば、「バランスよく一日に30品目をとる」といったレベルです。

さらに、「選択」とは、住まい手の要求や希望によって自由に選択をしてもらい、それぞれの健康維持増進に役立てていただくための技術や要素です。食事でいえば、「お肉が好きだから肉類をたくさん食べる」といったものです。場合によっては、先ほどの「推奨」されることと相反する部分も出てくるでしょう。でも、好きなお肉をたくさん食べて幸せな気持ちになる、としたら、それはその人の心の健康につながるのかも知れません。その意味では、「推奨」と相反することも許容されるものです。

住まいにおける健康を考えていく上では、この3つのレベルを理解していただくことが大事です。すなわち、「基本」をきちんと守った上で、「推奨」されるレベルの健康配慮を行い、さらに

自らのライフスタイルやライフステージと照らし合わせて「選択」を行っていく、ということです。それぞれの具体的な技術についてはまだ研究途上で、今後を待たなければなりませんが、「基本」と「推奨」にあたる事項の一部を本書で紹介しています。ぜひ参考にしていただければと思います。

Ⅱ くらしの中での健康問題

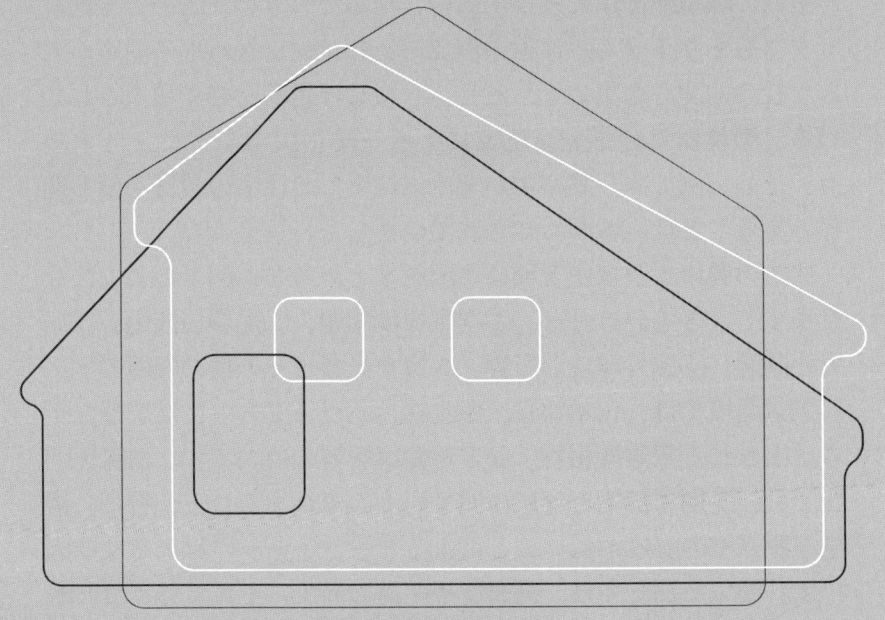

1 住環境と健康度との関係

東北大学大学院工学研究科 都市・建築学専攻
サステナブル環境構成学分野 教授　吉野　博

 はじめに

　わが国では、少子・高齢化の傾向は増す一方で、人が生涯にわたり健康に暮らせる社会の実現がますます重要となってきています。特に住まいは生活の基盤ですから、住宅から健康を害する要素を減らし、健康に過ごすことのできる環境を整備することはたいへん重要です。

　室内の環境が健康に及ぼす影響は極めて大きい、このことは言うまでもありません。最近の例で言えば、シックハウス問題が大きな社会的関心を集めましたし、しばしば新聞などで報道されている、燃焼器具の不完全燃焼による一酸化炭素中毒による事故も、その一例です。脳卒中が寒冷気候下での住宅の暖房不備と関係のあることは、昔から知られていました。

　住宅の健康に及ぼす各種の要因をまとめると、図1のようになります。大きく分ければ、①空気環境問題、②熱環境問題、③湿気の問題、④屋外環境の影響、⑤音や光などその他の問題です。

　空気環境では、化学物質、微生物、ハウスダスト、燃焼器具から排出される窒素酸化物、などが健康影響の要因です。熱環境問題では、冬期に部屋と部屋の間で温度の差があること、特に、浴室・脱衣室の温度が低いことによるヒートショックは大きな要因です。湿気に関しては、高湿度や結露の発生、それに伴うカビが

健康への悪影響となります。逆に、乾燥しすぎることも問題で、湿度に関しては適度に調節することが必要です。それとともに、屋外の環境も室内の環境に大きな影響を及ぼし、それが健康問題に繋がることも、はっきりしています。また、騒音・振動の問題、電磁波問題なども要因として考えられます。

図1　住宅の健康に及ぼす要因

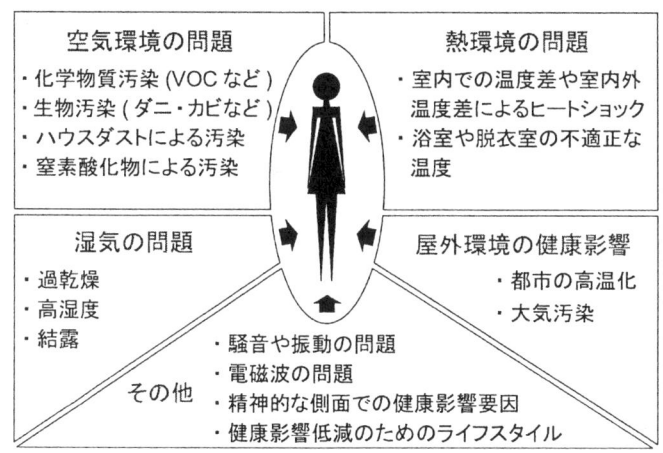

　これらの要因の健康影響に関しては、医学、疫学、公衆衛生学、建築環境工学などの分野で以前から研究が行われてきており、多くの成果が得られています。例えば、空気環境に関していえば、CO、CO_2、ホルムアルデヒド濃度などの許容値が、研究成果に基づいて提案され設定されています。また、快適な熱環境の条件についても多くの蓄積があり、それらの知見に基づいて設計が行われてきました。

　しかしながら、まだまだ解決すべき事柄は多く残されており、また、新たな健康影響の要因も出現してきているというのが、現状です。

　ここでは、空気環境、熱環境の問題についての知見を、住環境

と健康の観点から概観することにしましょう。

1　空気環境問題

(1) シックハウス問題

シックハウス症候群は、化学物質濃度のレベルに応じて急性および慢性中毒や化学物質過敏症などの健康障害をもたらすもので、それぞれの疾患を厳密に識別することは難しいのです[1]。その理由は、微量の化学物質の慢性毒性または複合毒性に関するデータや研究が世界的に少ないことに求められます。特に、低い濃度でも症状を訴える居住者が存在することが、問題をより複雑なものにさせています。

研究者たち（相澤ら）[2]は、シックハウス症候群の診断基準の確立を目指し、表1に示す4つの型にシックハウス症候群を分類しています。

化学物質過敏症はアレルギー疾患を持つ患者に起こりやすく、アレルギーが症状を顕在化させる可能性が疑われており[3]、アレルギー疾患を有する児童について、住宅のホルムアルデヒド濃度が高濃度であるほどIgE（アレルギー反応に関係する抗体）値が上昇する、という報告があります[4][5]。

表1　シックハウス症候群の4つの型

型	分類の基準	例
1型	中毒症状	殺虫剤などによる中毒
2型*	化学物質曝露の可能性が大きい	新築・改築、改修後
3型	化学物質曝露は考えにくい	心理的・精神的要因
4型	アレルギー疾患や他の疾患**が出現	喘息・皮膚炎

* 2型を狭義のシックハウス症候群とする。
**他の疾患：マイコトキシン等の生物由来物質などによる疾患。

出所：参考文献2）

　シックハウスによる症状は多彩な不定愁訴を示すため、診断は容易ではありません。したがって、十分に時間をかけて症状の経過と室内環境の測定など居住環境の変化を関連付けて考えることが重要で[6]、私（吉野）たち[7]は、シックハウス症候群と診断された患者宅の室内空気質調査を通じて、症状と関連が見られる要因を統計的手法により抽出しています。

(2)　微生物汚染問題

　欧米諸国を中心として、建物のダンプネス（湿気）と健康影響との関連性に着目した研究例が多く見られます。W.J.Fiskら[8]は、居住者の健康に影響する室内湿気被害と微生物汚染に関する信頼性の高い調査結果を集め、統計的解析手法により、結露・カビが発生する住宅では、発生しない住宅よりも呼吸器系の症状が現れるリスクが30〜50％高いことを指摘しています。スウェーデン[9]、ブルガリア[10]、フィンランド[11]、シンガポール[12]、日本[13]での疫学調査では、呼吸器系の症状は、室内の結露やカビの発生と関連があることを示しています。

(3)　SVOC（半揮発性有機化合物）汚染

　ハウスダスト中のフタル酸エステル類とアレルギー性疾患との関連性が指摘[14]されています。フタル酸エステル類はSVOC（半揮発性有機化合物）に属し、プラスチック等の可塑剤や難燃剤として使用されていますが、SVOCは沸点が高いため、通常は居室内のハウスダストに含まれることが多いのです[15]。

(4) オゾンによる汚染

空気中のオゾンとVOC（揮発性有機化合物）の化学変化による反応生成物も、室内空気汚染に関与しています。反応生成物としては、アルデヒド類、酸類、浮遊微粒子などが指摘[16]されており、また、地球温暖化に伴い、大気中のオゾン濃度が上昇するとともに、夏季の暑熱との複合曝露が生体の感染防御能に影響することが指摘[17]されています。

熱環境問題

(1) 入浴と健康[18]

冬季の入浴では、脱衣室や浴室が暖房されていないことが多く、その場合には、暖かい居室から出て裸で寒さに曝されることになり、血圧が急上昇し脳出血を発症しやすく、このことが浴室事故につながるのです。また、多くの人が熱い湯を好みますが、温熱効果により血管が拡張して血圧が下がり、その際に虚血性心疾患が発症しやすくなります。さらに、温まって発汗すると血液粘度が高くなり、心筋梗塞や脳梗塞を起こしやすくなります。それに、浴槽から出るときの急な立ち上がりは、血圧の急速な低下をもたらし失神を起こさせます。循環機能が低下した高齢者では、こうした症状が容易に生じるので、十分な用心が大切です。

(2) 室温と健康

吉野らは、東北地方が全国的にみて脳卒中死亡率が高いことに着目し、脳卒中の死亡率と室内熱環境との関連性の調査を実施しています。山形県郡部を対象とした調査[19]では、脳卒中死亡率が全国平均の2倍の地区と全国平均並の地区との、住宅構造、住ま

い方、室温などを計測しました。その結果、前者の地区のほうは居間の温度が4.0℃高いのですが、その分着衣量が少なく、寝室等への移動に伴う急激な温度変化が人体への生理的ストレスを大きくさせることを指摘しています。岩前[20]は、救急車発動記録を調査して、家庭内で発症した急病の情報と室温との関連を検討し、室温を適切に保つことが発症割合の低減に繋がることを指摘しています。

屋外環境の影響

(1) 都市の高温化と健康

　都市の高温化への防止策適用の判断基準として、健康影響を考慮することは重要です。鳴海ら[21]は、夏季のヒートアイランド現象により、熱中症や多くの感染症の発症割合が高くなることを指摘しています。また、玄地ら[22]は、ヒートアイランド現象による環境影響として、熱帯夜日数が増加することに着目し、睡眠障害への影響を定量化しています。「不眠」による経済損失額は305億円程度と推計され、影響の大きさが窺えます。

(2) 農薬

　田畑への農薬の散布による室内侵入と換気量との関連性を検討した例[23]では、換気量が大きいほど侵入量が大きいことを示し、侵入農薬の室内の滞留時間が長くなると、室内の床・壁に付着し、人の活動などにより再飛散し、低濃度の空気汚染が長時間継続することを指摘しています。

参考文献

1) 石川　哲：微量環境化学物質による生体反応―シックハウス症候群を中心と

して一，第11回日本臨床環境医学会総会特別講演発表会，2002年．
2) 相澤好治：シックハウス症候群の診断・治療および具体的対応方策に関する研究，平成18年度厚生労働省研究費補助金　総括研究報告書，2007年．
3) 長谷川真紀，大友　守，三田晴久，秋山一男：化学物質過敏量可能性例の検討—アレルギーの観点から—，アレルギー，第54巻第5号，pp.478-484，2005年．
4) 角田和彦，吉野　博，天野健太郎，松本麻里，北條祥子，石川哲：新築・リフォームに伴って室内で使用された化学物質が小児のアレルギー疾患の病態に及ぼす影響，臨床環境医学，第13巻第1号，2004年．
5) 角田和彦，吉野　博，天野健太郎，松本麻里，北條祥子，石川　哲：子供のシックハウス症候群，臨床環境医学，第13巻第2号，2004年．
6) 日本建築学会：「特集・シックハウスから健康住宅へ—室内空気汚染問題の現在」，建築雑誌，pp.8-47，2002年．
7) 中村安季，吉野　博，吉田真理子，池田耕一，野﨑淳夫，角田和彦，北條祥子，吉野秀明，天野健太郎，石川　哲：シックハウスにおける室内空気質と居住者の健康状況に関する調査研究　その13　60軒の住宅に関する統計的解析，日本建築学会大会学術講演会梗概集（D-2），pp.893-894，2007年．
8) W.J.Fisk et al. : Meta-analysis of the associations of respiratory health effects with dampness and mold in homes, Indoor Air, vol.17, vol.4, pp. 284-296, 2007.
9) C.G.Bornehug et al. : Dampness in buildings and health (DBH) : Report from an ongoing epidemiological investigation on the association between indoor environmental factors and health effects among children in Sweden, Indoor Air vol.14, supple.7, pp.59-66, 2004.
10) K.Naydenov, et al. : Prevalence of SBS symptoms in Residential Buildings in Bulgaria, Healthy Buildings 2006,Abstracts, pp.606, 2006.
11) U.Haverinen-Shaughnessy et al : Children's homes-determinants of moisture damaged and asthma in Finnish residences, Indoor Air 2006, No.16, pp.248-255, 2006.
12) MS.Zuraimi, KW.Tham, FT.Chew and PL Ooi : Housing Characteristics and young children's respiratory health in tropical Singapore, Healthy Buildings 2006, abstracts, pp.196, 2006.
13) 岸　玲子：全国規模の疫学調査によるシックハウス症候群の実態と原因の解明，厚生労働科学研究費補助金　総合研究報告書，2006年．
14) C.Bornehag, J.Sumdell, C.J.Weschler : The Association between Asthma and Allergic Symptoms in Children and Phtalates in House

Dust : A Nested Case-Control Study, Environmental Health Perspectives, Vol.112, No.14, pp.1393-1397, 2004.
15) M.Wensing, E.Uhda, T.Salthammer : Plastics Additives in the Indoor Environment-flame Retardants and Plasticizers, Science of the Total Environment 399, pp.19-40, 2005.
16) 鍵　直樹, 川尻第貴, 並木則和, 藤井修二：室内空気中のオゾンによるVOCの粒子生成, 日本建築学会環境系論文集, No.585, pp.35-39, 2004年.
17) 山元昭二, 藤巻秀和：暑熱とオゾンの複合暴露が感染防御能に及ぼす影響に関する研究, 国立環境研究所2003年報, 2003年.
18) 栃原　裕：「日本人の入浴：その功罪」, 感覚特性に基づく人工環境デザイン研究拠点・ワークショック「入浴の安全性と快適性」, pp.2-5, 2006.
19) 長谷川房雄, 吉野　博, 新井宏明, 岩崎　清, 赤林伸一, 菊田通宣：脳卒中の発症と住環境との関係についての山形県郡部を対象とした調査研究, 日本公衆衛生雑誌　第32巻, 第4号, 1985年.
20) 岩前　篤：部分断熱改修の熱負荷と健康への影響評価, 日本建築学会　第37回熱シンポジウム資料, pp.65-68, 2007年.
21) 鳴海大典, 下田吉之, 水野　稔：気温変化が大阪府域における人間の健康面へ及ぼす影響, 日本建築学会大会学術講演会梗概集（D-1）, pp.763-764, 2007年.
22) 玄地　裕, 岡野泰久, 井原智彦：被害算定型LCIA手法によるヒートアイランド現象の環境影響評価（その4）東京23区におけるヒートアイランド現象による睡眠障害の影響評価, 日本建築学会大会学術講演会梗概集（D-1）, pp.771-772, 2007年.
23) 菅原文子, 諸岡信久：散布農薬の室内侵入と換気量, 日本建築学会大会学術講演会梗概集（D-2）, pp.763-764, 1998年.

② アレルギー性疾患と住環境

秋田県立大学システム科学技術学部
建築環境システム学科 准教授　長谷川 兼一

 はじめに——アレルギー疾患率が上昇

　児童のアレルギー性疾患の有症率は、全国的に上昇しています。文部科学省が毎年公表している学校保健統計調査によれば、幼児や児童のアレルギー性疾患等は全国的に増加傾向にあり、10年前と比べて、その有病率は2倍までに増加しています。

　図1は喘息の有病率の推移を示したものです。その原因をみると遺伝的要因や食物などの他、人が一日のうち約6割の時間を過ごすといわれている室内の居住環境の変化も無視できません。

　室内の居住環境では、各種建材、家具、家電製品、PC、生活用品や殺虫剤などから化学物質が発生しており、特に近年、VOCのみならず可塑剤、難燃剤などの添加剤に含まれるフタル酸エステルや有機リン酸などが発生し、これらの物質と健康影響との関連性が指摘されています。また、建物の気密性の向上と不適切な換気計画が原因で室内の湿度が上昇し、それに伴い結露の発生や、カビ、ダニなどの微生物が繁殖しやすい環境に推移してきたといえます。

　以上のことを踏まえると、居住者は化学物質や微生物のようなアレルギー性疾患の誘発因子に対する曝露の危険性が高くなったと考えられます。

図1　児童の喘息有病率の推移

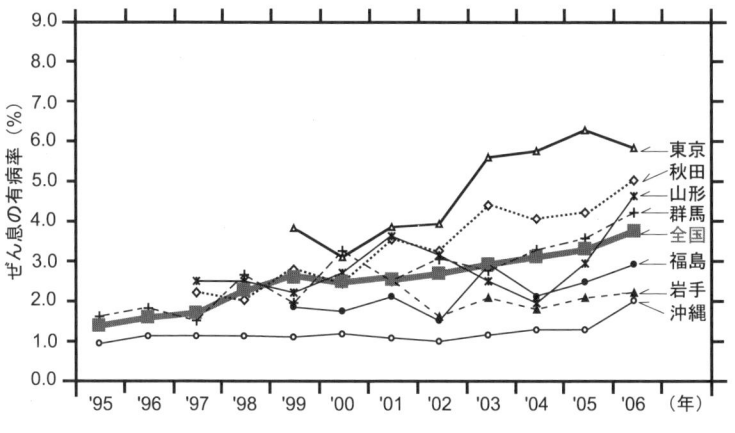

出所：文部科学省「学校保健統計調査」より作成

1　二人に一人がアレルギー症状を示す

　最近、児童のアレルギー性疾患の有病率を調べるために、全国の小学校4、5年生を対象にアンケート調査を実施しました[1)2)]。アンケート用紙の配布数は全部で約26,000件、回収数は約7,000件、回収率は30.0％程度でした。配布は、北海道、東北、関東地域に集中しており、西日本への配布数は比較的少なくなっています。図2はその結果を示したものです。

　アレルギー性疾患の症状別で有病率を見ると、各地域とも「アレルギー性鼻炎」の有病率が最も高く、次いで「喘息」や「アトピー性皮膚炎」の割合が高くなっています。アレルギー性鼻炎の有病率は中部地方で39.5％と最も高く、その他の地域でも30％前後、全体で33.4％となりました。喘息の有病率は一般的に、東日本よりも西日本、非都市部よりも都市部の方が高くなる傾向が指摘されています。その他の症状も、地域によりばらつきがありますが、地域性はあまり明確ではありません。

図2 児童のアレルギー性疾患の有病率、症状、原因の集計結果

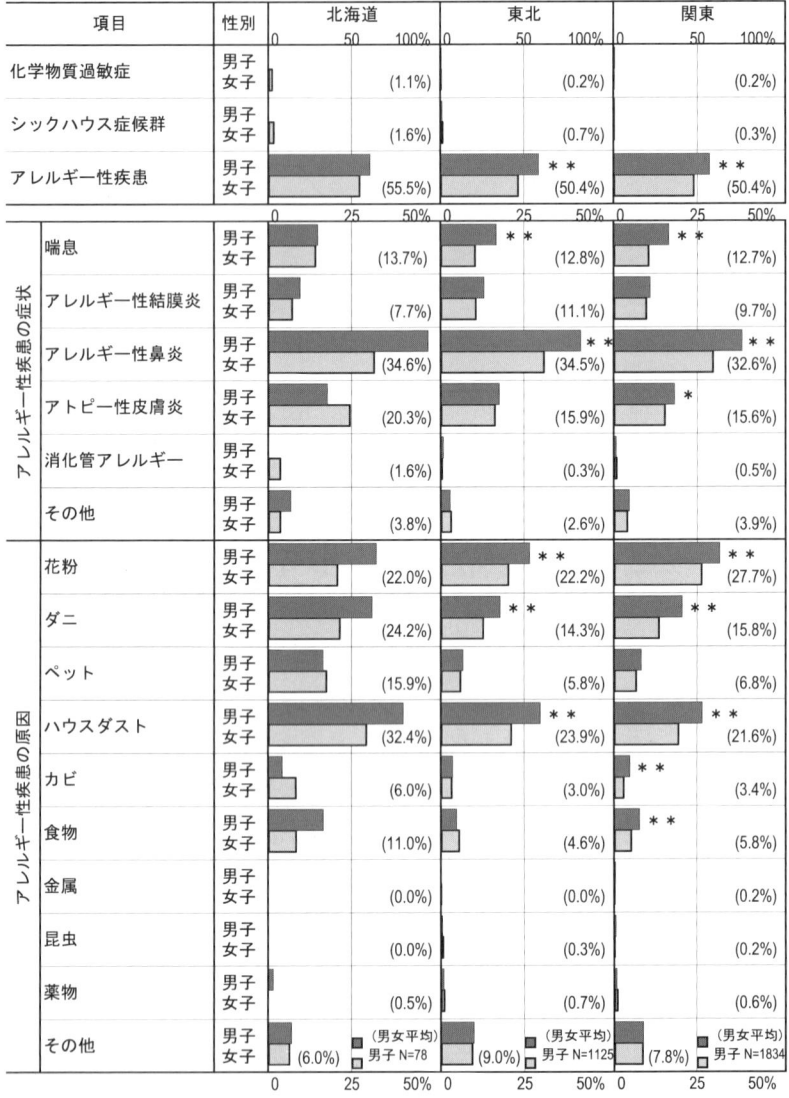

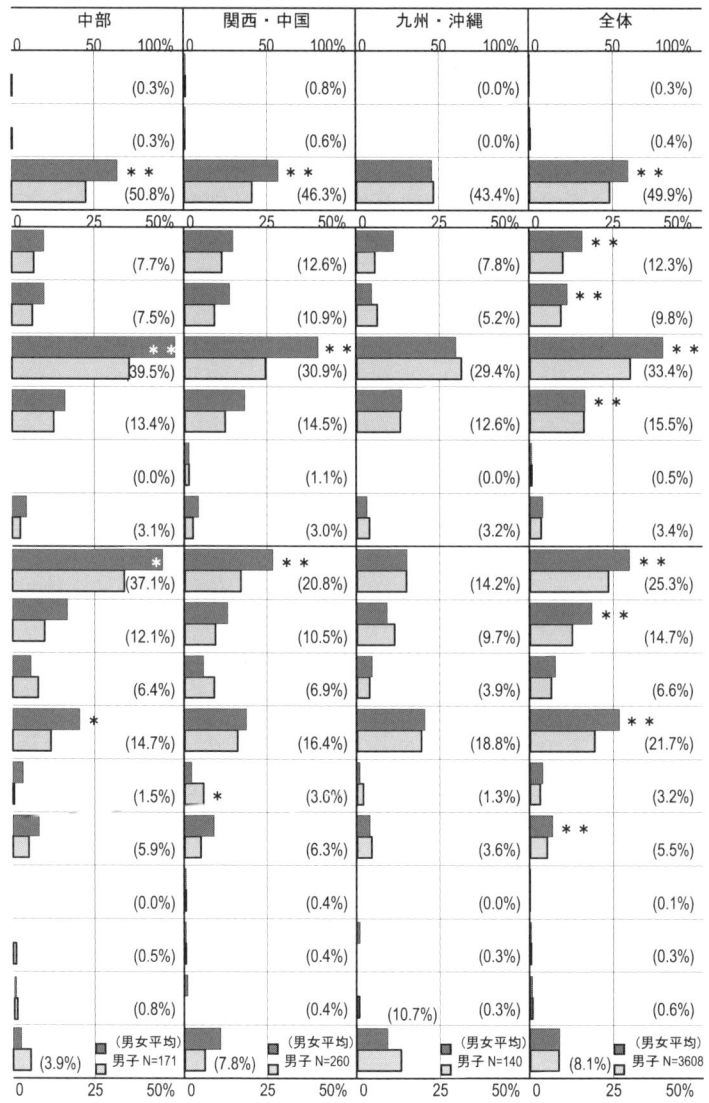

出所：参考文献3）

第2章　くらしの中での健康問題

ここで紹介した症状別の有病率は、他の調査[3]と比べると有病率が高くなっていますが、問題意識の高い方々が多数回答している影響が含まれている可能性があります。アレルギー性疾患の原因は、各地域とも「花粉」をあげる割合が高く、全体の2割程度の児童が健康影響を訴えています。特に中部地方では、花粉を原因にあげる割合が37.1％と非常に高いことが目立ちます。次いでハウスダストの割合が高く、北海道（32.4％）、東北（23.9％）、九州・沖縄（18.8％）では、花粉よりハウスダストを原因にあげる割合の方が上回っているため、アレルギー性疾患の原因物質として室内中のハウスダストは無視できないことがわかります。ハウスダストには、ダニやカビなどの微生物、SVOC（半揮発性有機化合物）が含まれていると推察され、これらが何らかの影響を及ぼしている可能性が疑われます。

② 影響が大きい"湿気"

　このような結果を踏まえ、アレルギー性疾患と居住環境との関連について詳細なアンケート調査を行いました[4]。調査項目は児童の個人属性、健康状態、住宅属性、室内環境に関連する内容としています。
　図3に、児童のアレルギー性症状の結果を示します。「アレルギー性症状（既往）」がある児童は、九州・沖縄地方を除く地域

図3　単純集計結果（児童のアレルギー性症状）

調査項目	北海道(%) 度数	東北地方・新潟県(%) 度数	関東地方(%) 度数
持続性せき	0	9 (N=32)	26
持続性たん	0	8	15 (N=881)
喘鳴	0	39	49
健康状態 花粉症様症状	14	257	546
気道過敏症	6	89	116
喘息様症状（現在）	3	17	48
喘息様症状（既往）	0	12	35
アレルギー体質	24	371	638
アレルギー性症状（現在）	16	281	575
アレルギー性症状（既往）	26	397	710

で80％前後、「アレルギー症状（現在）」についても各地域で60％前後であり、過半数の児童にアレルギー症状が見られます。症状別では、「花粉症様症状」が北海道で40％程度、東北地方以南では50％を超え、特に関東地方では約60％となっています。「喘息様症状（現在）」は全体で4.7％であり、文部科学省により実施された「アレルギー疾患に関する調査研究」（2004年度公立学校全数調査）による有病率（6.8％）よりも若干低くなっています。

アレルギー性疾患には、遺伝的要因や環境的要因などさまざまな要因が複合して影響していますが、調査した項目の各要因がどの程度症状に寄与しているのかを検討するために、「症状なし群」に対する「症状あり群」の発症リスクであるオッズ比を算出し、各要因の影響の程度を明らかにしました。

表1は、単変量解析によるオッズ比を示したものです。個人属性では、「男子」が、「何らかの症状（現在）」「気道過敏症」「花粉症様症状」において、オッズ比が1.0より有意に高く、「父親のアレルギー体質」「母親のアレルギー体質」がある児童は、ない児童に比べオッズ比が高く、アレルギー症状が体質による遺伝的要因と関連性があることが確認できます。

周辺環境では、「工業地域」の項目でオッズ比が有意に1.0を上回り、特に、「工業地域」における「喘息様症状」では、オッズ比が3.29（有意確率：p＜0.001）と高くなっています。

暖房設備では、「開放式ストーブ」のオッズ比が、「何らかの症

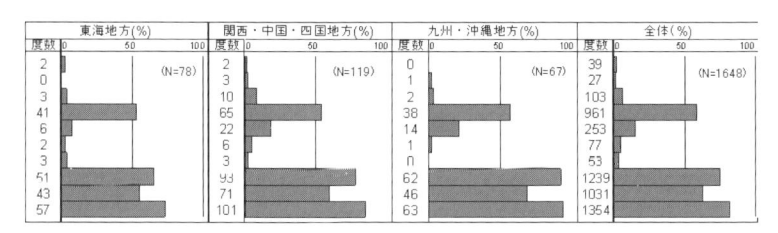

出所：参考文献4）

状 (現在)」と「花粉症様症状」に対してそれぞれ1.39、1.37 (p＜0.05) となり、関連性が示唆されます。

室内環境において、「子供室の湿気」は全ての症状に対してオッズ比が1.0よりも高く、居間の「湿気」は、「気道過敏症」に対するオッズ比が1.52 (p＜0.05) と高くなっています。また、「結露の発生」は、「何らかの症状 (現在)」に対してオッズ比が1.56 (p＜0.001) となっており、関連性が高いことが示唆されます。「カビ」の発生については、居間、子供室の両方で全ての症状に対してオッズ比が1.0以上であり、関連性が有意に認められます。特に、「何らかの症状 (現在)」では、子供室の「カビ」のオッズ比が1.49 (p＜0.001) となり、関連性が強くなっています。これにより、湿気が多い状態が結露やカビの発生を招き、その結果として、児童のアレルギー性疾患の発症に何らかの影響を及ぼしている可能性が指摘されます。

表1　単変量解析によるオッズ比

要因			何らかの症状	喘息様症状	気道過敏症	花粉症様症状
個人属性	性別	男子／女子	1.83***	1.25	1.51*	1.79***
	父親のアレルギー体質	あり／なし	1.42***	1.32	1.43*	1.29*
	母親のアレルギー体質	あり／なし	1.67***	1.34	1.54*	1.55***
周辺環境	住宅地域	あり／なし	1.11	0.98	1.07	1.19†
	耕作地域	あり／なし	1.11	1.40	0.93	1.10
	工業地域	あり／なし	1.65*	3.29***	2.10**	1.29
	交通量の多い幹線道路	あり／なし	0.96	1.06	1.42*	0.96
	農地	あり／なし	0.91	0.96	0.84	0.93
	ごみ処理場	あり／なし	1.10	1.05	0.96	1.14
住宅	築年数	1年未満／10年以上	0.99	0.93	0.81	0.90
		1－3年／10年以上	1.26	0.97	0.29*	1.36
		3－5年／10年以上	1.07	1.23	1.27	1.17
		5－10年／10年以上	0.86	0.71	0.90	0.89
	戸建住宅	あり／なし	0.75*	0.75	0.83	0.76*
	集合住宅(木造)	あり／なし	1.89†	1.42	1.22	2.13*
	集合住宅(RC)	あり／なし	1.75***	1.38	1.38†	1.69***
改修・	改築	あり／なし	1.16	0.68	0.88	1.22†
	水周りの改修	あり／なし	1.00	1.01	0.89	1.01
	床板の張替え	あり／なし	1.07	1.16	0.86	1.16

住宅属性	改築	壁や床のペンキ塗	あり／なし	1.11	0.67	1.41	1.15
		換気設備設置	あり／なし	1.24	—	0.84	0.79
	暖房設備	FF式温風暖房機	あり／なし	0.62*	1.27	1.19	0.64†
		煙突付ストーブ	あり／なし	0.96	0.37	0.30†	0.91
		開放式ストーブ	あり／なし	1.39*	0.77	0.99	1.37*
		床暖房	あり／なし	0.99	1.52	0.99	1.06
		エアコン	あり／なし	1.24†	0.95	1.01	1.12†
	換気設備	換気設備	あり／なし	1.08	0.96	0.84	1.10
		換気設備の種類	第1種換気／なし	0.80†	0.36†	0.60†	0.89
			第3種換気／なし	1.07	1.10	0.98	1.04
		換気設備の運転	連続運転／停止	1.11	0.70	0.52†	1.23
			間欠運転／停止	1.19	1.14	0.96	1.26
	壁材	木質系建材(居間)	あり／なし	1.60*	1.71†	1.37	1.31†
		ビニルクロス(居間)	あり／なし	0.99	0.76	0.87	1.01
		塗壁(居間)	あり／なし	0.81†	0.88	1.15	0.80†
		木質系建材(子供室)	あり／なし	1.00	1.44	0.91	0.99
		ビニルクロス(子供室)	あり／なし	1.02	0.86	0.95	1.07
		塗壁(子供室)	あり／なし	1.23†	1.11	1.47†	1.09
	床材	畳(居間)	あり／なし	0.96	0.81	1.08	0.90
		カーペット(居間)	あり／なし	1.20†	0.83	0.95	1.21†
		フローリング(居間)	あり／なし	1.42*	1.20	1.12	1.37*
		ござ(居間)	あり／なし	0.86	0.83	0.69	0.81
		畳(子供室)	あり／なし	1.27*	1.23	1.11	1.18†
		カーペット(子供室)	あり／なし	0.92	0.73	0.89	0.91
		フローリング(子供)	あり／なし	1.01	1.10	0.96	1.04
室内環境	湿度環境	居間の湿気	感じる／感じない	1.01	1.10	1.52*	1.04
		居間の乾燥	感じる／感じない	1.11	1.34	0.94	1.06
		子供室の湿気	感じる／感じない	1.22†	1.41†	1.47*	1.17†
		子供室の乾燥	感じる／感じない	1.31†	1.08	0.89	1.26†
	結露の発生		あり／なし	1.56***	1.10	1.36†	1.54*
	カビ	居間	あり／なし	1.44**	1.58†	1.44*	1.43*
		子供室	あり／なし	1.49***	1.43†	1.48*	1.46**
	シミ	居間	あり／なし	1.40*	2.01†	1.89**	1.31†
		子供室	あり／なし	1.43**	2.17*	2.30***	1.36**
	防虫剤の利用		あり／なし	0.79	1.13	0.93	0.79
	芳香剤	居間	あり／なし	0.86	0.96	0.74†	0.89
		子供室	あり／なし	0.91	0.98	0.88	0.93
	ペットの飼育		あり／なし	1.02	1.14	0.94	1.07
	室内での喫煙		あり／なし	1.08	0.90	0.94	1.01
	寝具		布団／ベット	1.25*	1.22	1.05	1.25*
	掃除の頻度		毎日／1週間に1回	1.31†	0.88	0.75†	1.30†
			2,3日／1週間に1回	1.03	0.68	0.84	1.01

有意確率：*** $p<0.001$,
　　　　　** $p<0.01$,
　　　　　* $p<0.05$,
　　　　　† $p<0.2$

出所：参考文献4)

参考文献

1) 中村安季，吉野　博他：居住環境と児童の健康障害との関連性に関する調査研究　その1：調査デザインと実施状況，日本建築学会学術講演会梗概集，D2，p.831-832，2008年9月．
2) 安藤直也，吉野　博他：居住環境における健康維持増進に関する研究　その6　居住環境と児童の健康障害との関連性に関する調査研究(1)　児童のアレルギー性疾患の有病率調査（Phase 1）の結果，日本建築学会学術講演会梗概集，2009年9月．
3) アレルギー疾患に関する調査研究委員会，アレルギー疾患に関する調査研究報告書，文部科学省，2007年3月．
4) 松田麻子，吉野　博他：居住環境の健康維持増進住宅に関する研究　その7　居住環境と児童の健康障害との関連性に関する調査研究(2)　アレルギー性疾患と居住環境との関連についてのアンケート調査（Phase 2）の結果，日本建築学会学術講演会梗概集，2009年9月．

③ VOC とシックハウス

東北大学大学院工学研究科 都市・建築学専攻
サステナブル環境構成学分野 教授 吉野 博

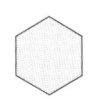

はじめに

　日本においてシックハウス問題が顕在化してから十数年が経過し、被害の深刻さと社会的関心の高さから、今日までに産官学の各分野で様々な調査研究が進められ、対応も急速に進められてきています。シックハウス対策として2003年7月に建築基準法が改正され、ホルムアルデヒドを含む建材の使用制限と機械換気システムの設置が義務付けられました。その後、新築住宅では室内のホルムアルデヒド濃度が低減してきており[1)2)]、その効果が確実に表れてきています。しかしながら、ホルムアルデヒド以外の化学物質の問題、家具・家電・生活用品などからの化学物質放散も指摘されており、決して化学物質曝露による健康問題がすべて解決されたとは言えません。

　筆者たちはこれまでに、シックハウスにおける室内空気汚染や健康被害の実態を明らかにするため、宮城県内のシックハウスと疑われる住宅[注1)]において、室内環境調査ならびにアンケート調査等を実施してきました。2000年度から8年間に渡り夏季を中心に60軒以上の住宅で実施し、100名以上のシックハウス症候群の症例を収集しています。これに基づいて、本稿では、シックハウスにおける化学物質空気汚染の実態について、報告することにします。

1 シックハウスが疑われる住宅における化学物質濃度測定

(1) 測定の結果

表1は調査対象住宅62軒の化学物質濃度測定結果を示したものです。

表1 シックハウス本調査結果とその他の全国調査結果との比較

物質	単位	本調査※1 (2000-2007) 平均値	中央値	最大値	超過率	東北地方※2 平均値	超過率	国交省※3 平均値	超過率	厚生省※4 平均値	超過率	厚労省指針値
ホルムアルデヒド	$\mu g/m^3$	137.5	130.9	339.4	64%	113.5	32.2%	87.2	27.3%	—	—	100
アセトアルデヒド	$\mu g/m^3$	125.8	110.1	369.7	51%	—	—	30.6	9.2%	—	—	48
トルエン	$\mu g/m^3$	110.2	39.4	1753.3	9%	—	—	143.2	12.3%	96.0		260
エチルベンゼン	$\mu g/m^3$	20.1	7.1	489.0	0%	—	—	34.7	0.0%	22.1		3800
キシレン	$\mu g/m^3$	26.3	13.8	304.4	0%	—	—	21.7	0.1%	36.1		870
p-ジクロロベンゼン	$\mu g/m^3$	263.2	36.5	8445.4	11%	—	—	—	—	125.7		240
TVOC	$\mu g/m^3$	1240.5	511.9	8878.6	60%	—	—	—	—	—	—	400

※1：62軒の初回データであり、複数室測定したうちの最大値をその住宅の代表値として採用
※2：東北地方の一般住宅59軒(2000)：60％が高気密・高断熱住宅
※3：全国の一般住宅4368軒(2000)：調査対象は全国4368軒、戸建て率3074軒(67％)、築1年以内(63％)
　　アセトアルデヒドのみ2002年築1年以内1390軒の結果、上記集計は25℃で$\mu g/m^3$に換算
※4：全国の一般住宅385軒(1997−1998)

各住宅とも、居室を中心として2〜3室で測定を行っています。調査結果によれば、ホルムアルデヒド、アセトアルデヒド、TVOC（総揮発性有機化合物）濃度の厚生労働省室内濃度指針値（TVOC濃度は暫定目標値）を超過する割合が高く、それぞ

れ64％、51％、60％でした[注2)]。一般住宅を対象にした調査[3)4)5)]の結果と比較しても、平均値で1.5～2倍、超過率で2.5～3倍で、大きな値となっています。アセトアルデヒドは、平均値で国土交通省の調査の約6倍、超過率で8.3倍と、ホルムアルデヒドよりも大きな差がみられ、その他、p-ジクロロベンゼンは、平均値で厚生労働省の約4倍であり、大きな差が見られます。このように、本調査の方が非常に超過率が高く、シックハウス住宅の特徴であると言えます。

(2) 築年数と化学物質濃度

次に、築・リフォーム後年数とホルムアルデヒド・TVOC濃度の関係を示したのが、図1、2です。これは同一住宅における測定結果の平均値を、線でつないで表しています。太線は、シックハウス対策（換気システムの変更、内装材の改装）を施した住宅を示し、点線は、新しい家具を導入した寝室、あるいは物置部屋として使われていたため換気が行われていない寝室です。程度の差はありますが、全体的に年とともに濃度が減少する傾向が見られます。点線で示された2軒については、ホルムアルデヒド濃度で最終回の調査値が上昇していましたが、他の物質については減少しており、TVOCは、p-ジクロロベンゼンの影響を強く受けていました。

図1　築年数とホルムアルデヒド濃度

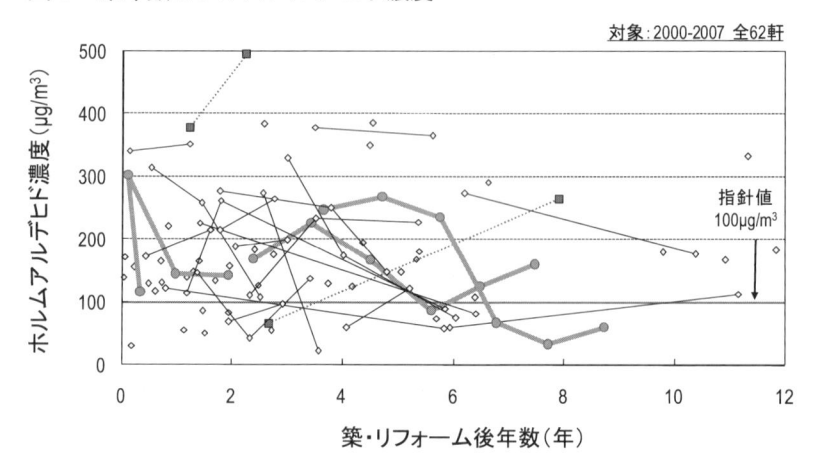

図2　築年数とTVOC濃度

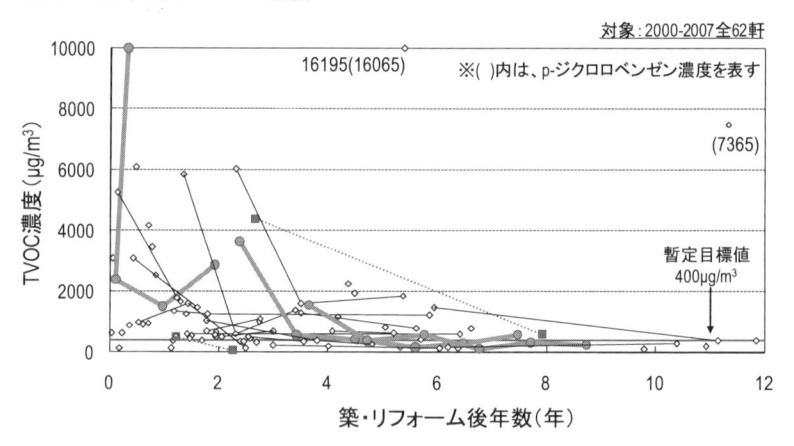

② シックハウスの継続的観察

(1) ケース・コントロールによる分析

シックハウス症候群と推定される居住者と正常な居住者を分類し、そのグループの間で症状や化学物質の濃度を比較しました。居住者234名のうち、調査員による問診によって、①「新築またはリフォーム住宅入居後（約1年以内）に症状が悪化もしくは発症した」、②「家の中にいる時に症状が発現する」、という回答が得られた108名（46.2%）を「シックハウス症候群（以下SHS）」群とし[注3]、他の居住者は、住宅以外が発症原因である44名（18.8%）と自覚症状のない82名（35.0%）に分類し、82名を「control」群としました（表2）。

表2 居住者および住宅分類

2000—2007	発症原因			合計
	住宅	住宅以外	自覚症状無	
居住者数(割合)	108 SHS (46.2%)	44 (18.8%)	82 control (35.0%)	234

2000—2007	SH	non-SH	合計
住宅数(割合)	41 (66.1%)	21 (33.9%)	62
部屋数(割合)	111 (64.5%)	61 (35.5%)	172

(2) シックハウス症候群の有症率

図3はSHS群、control群両群の有症率を示したものです。QEESI問診票[6]における10症状の結果を用い、既往の研究と知見から、1症状について10点満点中5点以上を症状有としていま

す。2群を比較すると、全ての症状において、SHS群のほうが症状を訴える人の割合が多く、中でも皮膚症状、気管・粘膜症状は25％以上の人が症状を訴えています。室内における化学物質曝露の原因として、皮膚接触、経気道曝露が多いためであると考えられます。

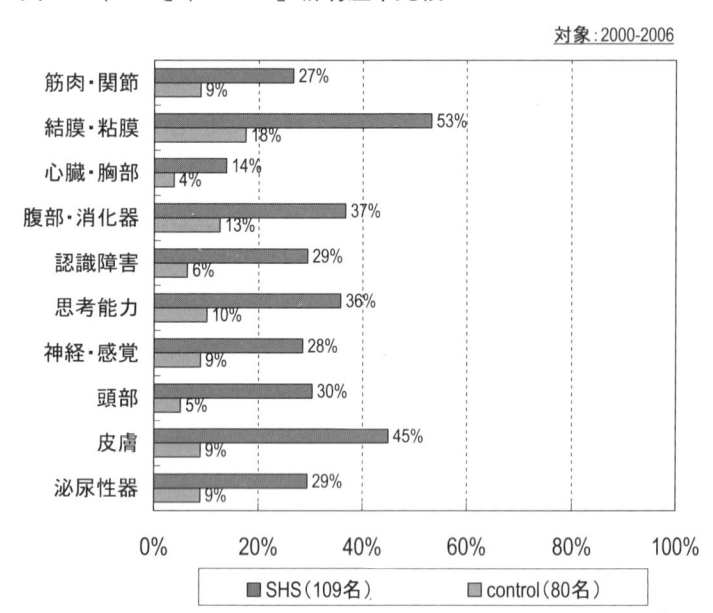

図3　「SHS」「control」群有症率比較

対象：2000-2006

症状	SHS（109名）	control（80名）
筋肉・関節	27%	9%
結膜・粘膜	53%	18%
心臓・胸部	14%	4%
腹部・消化器	37%	13%
認識障害	29%	6%
思考能力	36%	10%
神経・感覚	28%	9%
頭部	30%	5%
皮膚	45%	9%
泌尿性器	29%	9%

(3) 化学物質濃度とシックハウス症候群発症の関係

図4はSHS群（108名）とcontrol群（82名）の住宅における化学物質濃度の比較を行い（t―検定もしくはwilcoxon順位和検定）、その結果を示したものです。アセトアルデヒド以外、いずれの物質もSHS群のほうが平均値・中央値ともに高く、有意にトルエン、エチルベンゼン、キシレン、p-ジクロロベンゼン濃度が高いことがわかりました。シックハウス症候群の原因と

しては、これらの物質が大きく寄与しているものと推定されます。

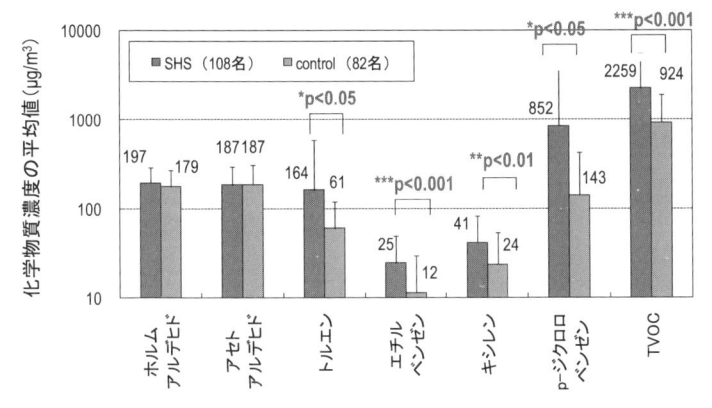

図4 「SHS」―「control」群間の化学物質濃度の比較

(4) 症状の変化

SHS発症者がいる住宅における症状の変化を示したのが図5です。発症者の症状が「改善」したと回答した住宅が36軒中10軒（27.7％）、「改善傾向（一部症状が改善、または改善傾向にある状態）」にあると回答した住宅が36軒中18軒（50.0％）、「症状が持続している（変化なし）」と回答した住宅が7軒（19.4％）、症状が「悪化」したと回答した住宅は1軒（2.7％）でした。

図5　追跡調査による居住者の症状の変化

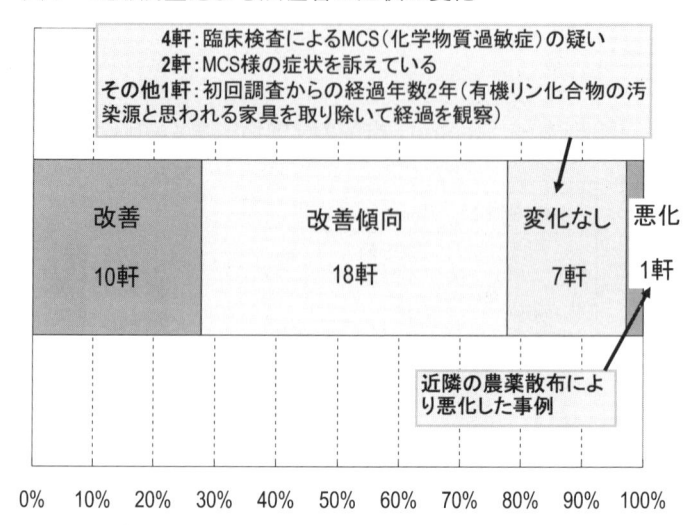

| 改善 10軒 | 改善傾向 18軒 | 変化なし 7軒 | 悪化 1軒 |

- 4軒：臨床検査によるMCS（化学物質過敏症）の疑い
- 2軒：MCS様の症状を訴えている
- その他1軒：初回調査からの経過年数2年（有機リン化合物の汚染源と思われる家具を取り除いて経過を観察）

近隣の農薬散布により悪化した事例

　年数の経過に伴い、自然に症状が改善した居住者が大半を占めますが、未だに症状が持続、悪化している居住者も存在しています。症状が持続している7軒については、臨床検査結果より化学物質過敏症（以下、MCS）の疑いがある住宅が4軒、MCS様の症状を訴えている住宅が2軒で、住宅内で発生する微量の化学物質にも反応してしまっていることが推測されます。1軒の悪化事例については、近所で農薬散布が行われたことが原因です。また、「改善・改善傾向」と回答した住宅においても、住宅内で症状の発現頻度は減少しましたが、その後、新しい家具によって頭痛や吐き気などを感じるようになった、新しい建物で症状を訴えるようになった、という居住者も多く見られます。

(5)　シックハウス対策と居住者の症状の変化

　図6は初回調査から今回の調査の間に、何らかのシックハウス対策を施しているか否かについて質問した結果について、まとめたものです。

対策の内容としては、「換気の励行」「掃除の励行」等の日常的な行為から、空気清浄器の設置、リフォーム（建材、換気設備）などの積極的な環境改善や、医師の協力の下での食事療法、薬の服用等、さまざまです。これらの対策を数種類あわせて実施している居住者もいます。対策ごとに居住者の症状の「改善・改善傾向」事例数、「変化なし・悪化」事例数を表記しました。

　SHS患者宅で行っている対策として最も多かった「換気の励行」については、29軒中23軒で「改善・改善傾向」を示しており、実行しやすく効果が現れやすい対策であると言えます。次に多かった「薬品・家具などの除去、持ち込む際の配慮」では、防虫剤・殺虫剤・ワックスなどの生活薬剤用品の使用中止、家具の廃棄、化学物質発生の少ない家具との交換等の対策を行い、10軒中7軒で症状が「改善・改善傾向」を示しました。その他の対策でも、改善傾向を示す住宅が多く、それぞれの対策の有効性が確認されました。

図6　シックハウス対策と居住者の症状の変化

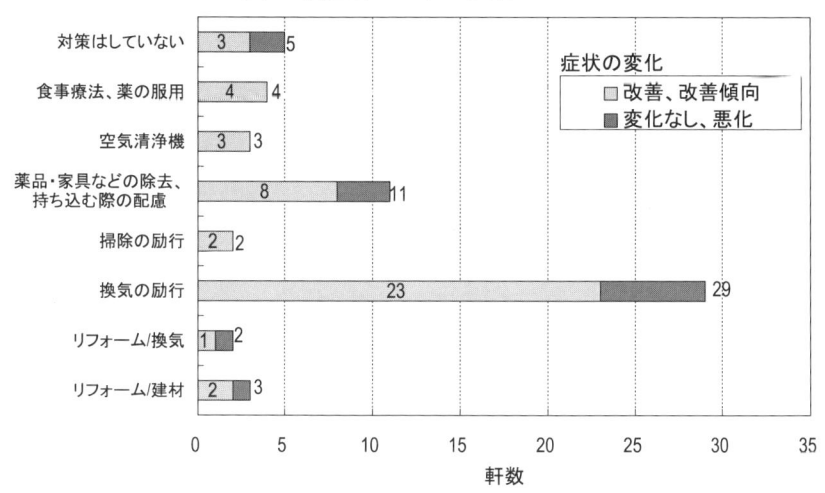

対策	改善、改善傾向	変化なし、悪化
対策はしていない	3	5
食事療法、薬の服用	4	4
空気清浄機	3	3
薬品・家具などの除去、持ち込む際の配慮	8	11
掃除の励行	2	2
換気の励行	23	29
リフォーム/換気	1	2
リフォーム/建材	2	3

第2章　くらしの中での健康問題

参考文献

1) 大澤元毅,池田耕一,林 基哉,真鍋 純,中林由行:2000年全国調査に基づく化学物質による住居室内空気汚染の状況,日本建築学会環境系論文集,第566号,pp.65-71,2003.4.
2) 大澤元毅,池田耕一,林 基哉 他:2000年全国調査に基づく住宅室内空気のVOC汚染の状況,日本建築学会環境系論文集,第575号,pp.61-66,2004.6.
3) 厚生労働省(旧厚生省):居住環境中の揮発性有機化合物の全国実態調査について,報道発表資料,1999.12.
4) 大澤元毅,池田耕一,林 基哉,真鍋 純,中林由行:2000年全国調査に基づく化学物質による住居室内空気汚染の状況,日本建築学会環境系論文集,第566号,pp.65-71,2003.4.
5) 高橋奈緒子,吉野 博他:東北地方を中心とした高断熱・高気密住宅における室内湿度・空気質と居住者の健康性に関する夏季調査,日本建築学会大会学術講演梗概集,D-1,pp1093-1094,2001.9.
6) Sachiko Hojo, Hiroaki Kumano, Hiroshi Yoshino, Kazuhiko Kakuta, and Satoshi Ishikawa : Application of Quick Environment Exposure Sensitivity Inventory (QEESI©) for Japanese population : study of reliability and validity of the questionnaire. Toxicology and Industrial Health 2003, 19, pp.41-49, 2003.

注1) 専門医によりシックハウス症候群であると診断された方、あるいはアンケートにより化学物質過敏症と疑われた方が居住している。
注2) 納戸や廊下など滞在しない場所での測定データから除外している。
注3) 判定に際して、QEESI問診票と化学物質濃度測定結果は用いていない。

④ ヒートショックによる入浴死について

九州大学大学院芸術工学研究院 デザイン人間科学部門 教授　栃原　裕

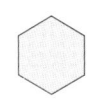

はじめに

　平成19年度における家庭内の不慮の事故死は、総数12,415名で、そのうち65歳以上の高齢者が9,683名、78％を占めます。同年の高齢者の交通事故死が4,050名であるので、高齢者にとっては家庭内の方がより危険（？）ということになります。

　家庭内事故死の原因の一位は「窒息3,762名」で、次いで「溺死3,566名」です。溺死というと、かなり以前は、海水浴やプールでの夏の事故でしたが、最近では「浴槽の中」の死亡者が大半であり、年代別では、特に高齢者が多く（89％）、しかも冬季に集中しています。

　東京都内の入浴中急死を調べた㈶東京救急協会によると、入浴中溺死だけではなく入浴時の心不全等の病死を含めると、全国の入浴死は、推定で年間14,000人にも達するとされています。安全であるべき住宅内で、これだけの多数の高齢者が入浴中に事故で死亡していることは、大きな問題です。

1　高齢者溺死率は欧米の20倍！

　世界中でも高齢者の入浴死は多いのでしょうか。WHO（世界保健機関）の調査によれば、75歳以上高齢者の溺死（大半が入浴

死）率は、アメリカや欧州と比較すると、日本は20倍以上の高率となっています。すなわち、高齢者に冬季入浴死が多いことは、日本だけに認められる特徴です。この差異は、日本と欧米の入浴形態がかなり異なることに起因します。まず、日本人は熱い湯を好み、また深い浴槽に肩までつかります。これに対し、欧米では湯温は低く、長い浴槽に胸までつかります（半身浴）。なぜ、日本人は熱い湯を好むのでしょうか。おそらく、日本の住宅の室温が低いことが影響しているものと思われます。「湯冷め」を防ぐためには、熱い湯に入って暖まる必要があるわけです。ガス会社や筆者らが調査したわが国における家庭の浴室暖房の普及率は、東京周辺で5％程度、福岡県では3％でした。それに対し欧米では、ほぼ90％以上です。

　北関東の戸建て住宅に居住する高齢者42名の、居間と脱衣室の室温を冬季に調査したところ、平均で居間は15.0℃、脱衣室は13.5℃にすぎなく、平均浴槽湯温は41℃でした。

　図1は、同時に測定した、入浴に伴う高齢者の最高血圧の変化を示したものです。寒い脱衣室で裸になると、血圧は急激に上昇し、平均値で155mmHgにも達しました。熱い湯に入ると最高血圧は急に下降し、浴槽から出る直前には、平均15mmHg低下しました。比較のために、夏季における入浴に伴う最高血圧の変動も示しましたが、夏季には血圧の変動はごく小さくなっています。冬季における入浴に伴う大きな血圧変動は、室温や湯温により大きく影響を受けたことが認められました。

　図2は、冬季入浴に伴う高齢者血圧変動の模式図を示したものです。暖かい居間から、暖房されていない脱衣室に入り、服を脱いで身体を寒さに曝すと、血圧が急上昇します。その上、熱い湯につかると、血圧は驚愕反射により再上昇し、脳出血を発症しかねません。さらには、冬季の風呂は熱い湯が好まれ、肩まで湯につかることが多いので、温熱効果による皮膚血管拡張により、心

図1 高齢者の入浴に伴う血圧変動の季節差

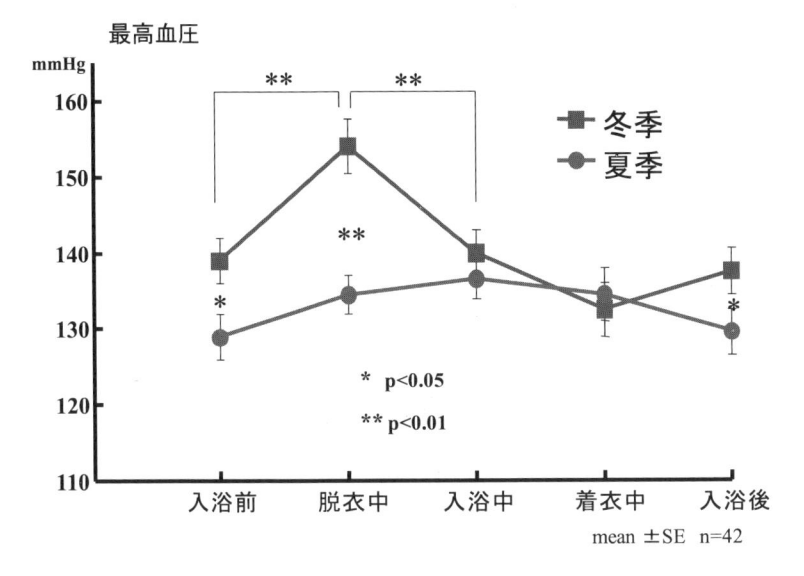

最高血圧

** p<0.01
* p<0.05

mean ±SE　n=42

横軸：入浴前、脱衣中、入浴中、着衣中、入浴後
凡例：冬季、夏季

図2 冬季入浴に伴う高齢者血圧変動の模式図

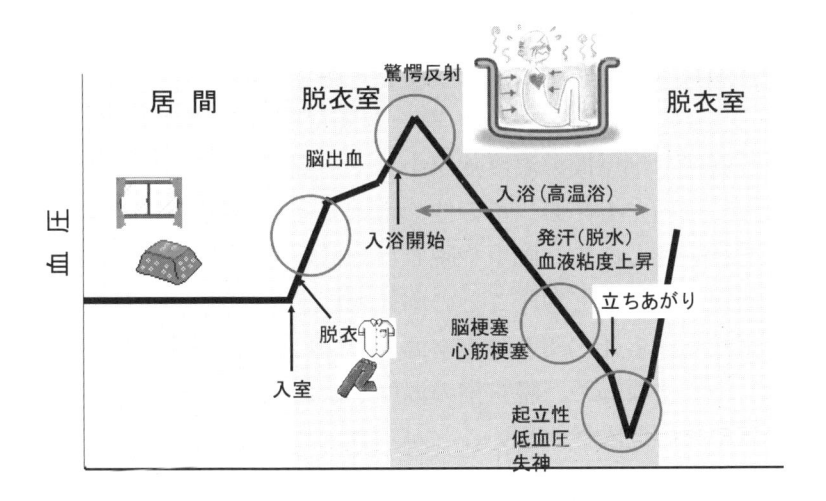

居間／脱衣室／脱衣室
入室 → 脱衣 → 入浴開始 → 入浴（高温浴） → 立ちあがり
脳出血、驚愕反射、発汗(脱水)血液粘度上昇、脳梗塞・心筋梗塞、起立性低血圧・失神

臓への血液還流が減少し、血圧が逆に大きく低下します。さらに体が温まると発汗により脱水が生じ、血液粘度が増し、心筋梗塞や脳梗塞を起こしやすくなります。また、浴槽から出るために急に立ち上がると、起立性低血圧により失神することがあります。

循環機能が低下し、血圧調節能力が劣る高齢者では、以上のような症状が発症しやすいと思われます。住宅の他の場所と違い、浴槽には当然湯がありますから、気分が悪くなって湯中に没すると、数分で死に至ることになります。

溺死死亡率の県別の統計値を見ると、地域差が大きいことがわかります。沖縄県が低いのに対して、東北、北陸や北関東の県の死亡率が概して高くなっています。溺死死亡率と1月の最低外気温との関係を調べてみたものの、有意な関係は認められていません。外気温が低くなる北国ほど溺死死亡率が高くなるわけではありません。冬に外気温が著しく低下する北海道は溺死による死亡率が低く（全国で下から6番目）、逆に、外気温がそれほど下がらない福岡県の死亡率は、現在、全国一高くなっています。

筆者らは、最近、全国（札幌、秋田、仙台、千葉北、千葉南、静岡、富山、大阪、広島、福岡、鹿児島の11地域）計331戸の住宅温熱環境（浴室・脱衣室・トイレ・廊下・居間・寝室の室温、風呂の湯温、外気温）を、冬季一週間に渡り詳細に測定しました。札幌では部屋間の温度差が小さく、廊下を含めて15℃以上に保たれてはいたものの、その他の地域では、居間は高い室温に保たれてはいたものの、廊下や脱衣室は低い室温でした。さらに、室温や室間温度差と地域ごとの溺死死亡率との関係を検討した結果、溺死による死亡率と脱衣室温との間に有意な負相関が認められました。すなわち、脱衣室の温度が低い（暖房しない）地域ほど、入浴死の危険性が高いことが示されました。

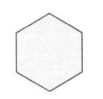

浴室・脱衣室にも暖房を！

　一般に、高齢者のための住宅といえば、床面の段差解消や要所での手すり設置などのバリアフリーが言及されることが多いのですが、ここでは高齢者のための住宅環境のあるべき姿について、特に、浴室や脱衣室の温熱環境が健康に及ぼす影響について述べました。暖房が普及したと言っても、現在の日本住宅では、北海道を除き、全室暖房のところは少なく、部屋毎の暖房を行うことが多いようです。このため、長時間使用する居間や寝室は暖房されていても、トイレ、廊下、脱衣室、浴室がほぼ外気温に近い温度にとどまることが少なくありません。こうした寒冷や著しい室温差による大きな血圧変動（ヒートショック）により、寒さを自覚しにくく血圧の上昇が著しい高齢者では、脳卒中や心疾患といった重篤な疾患に陥りやすいことが知られています。特に高齢者が居住する住宅では、段差や手すりなどのバリアフリーだけではなく、浴室等の暖房を行い、室温のバリアフリー化が推進されなければなりません。

5 ダンプビルディング

東北大学大学院工学研究科 都市・建築学専攻
サステナブル環境構成学分野 教授 吉野 博

秋田県立大学システム科学技術学部
建築環境システム学科 准教授 長谷川 兼一

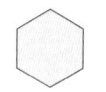

はじめに

　建物内の湿度環境に関する問題は、結露被害やカビの発生を始めとして、古くから指摘されてきました。一方、最近の海外では、建物内の湿気が原因でダニなどの微小害虫やカビなどの微生物が繁殖し、アレルギー症状や呼吸器疾患を引き起こす危険性が改めて指摘されています。特に、欧米諸国では、湿気に関わる健康被害を引き起こす建物を"ダンプビルディング（Damp Building）"とし、すでに、その実態把握と因果関係の解明に向けて研究が積極的に進められています。

1　湿気による健康被害をもたらす建物

　Dampとは「湿気のある、じめじめした」という意味です。ダンプビルディングの定義はさまざまで定まっていません[1]。例えば、家庭内に数多くのカビ胞子が目に見える場合、何らかの湿気に関する問題（水害、地下室での漏水、カビの存在、シミが見えることなど）がある場合、また、過度な湿度や水の浸入がある場合など、ダンプビルディングの定義はさまざまです。北欧諸国では、日本と異なり、目視できるカビは少ないといわれており、ダンプビルディングの室内環境は、地域により異なっていると予

想されます。現段階では、建物の壁や床などの躯体内や空気中に含まれる湿気が原因で、カビなどの微生物やダニなどの微少な害虫が繁殖したり化学物質の発生が誘発されることにより、居住者の健康に被害をもたらす危険性があるような建物を、ダンプビルディングと呼んでいます。

　海外では、ダンプビルディングと健康影響についての調査が、盛んに行われています。スウェーデンの調査[2)3)]では、児童の喘息や鼻炎・湿疹の症状は、住宅内の結露・カビの発生と関係し、住宅の換気不足が湿気被害の原因となっていることを示唆しています。また、ブルガリアの調査[4)]においては、ハウスダスト中に化学物質の一つであるDEHPが検出され、DEHP濃度と児童の咳症状との間に関連性が確認されています。シンガポールでは[5)]、カビの被害と児童の鼻炎・結膜炎、環境中たばこ煙の曝露と咳や鼻炎等との関連性が指摘されています。また、このような既往文献の知見を総合的に解析した結果[6)]、結露・カビが発生する住宅では、発生しない住宅よりも、呼吸器系の症状が現れるリスクが30〜50％高いことが示されています。

　ダンプビルディングを特徴付ける環境要因としては、カビ、ダニ、化学物質などが考えられます。カビは高湿度状態が整えば生育が促進されますので、室内のカビ濃度が上昇します。また、湿気の多い住宅では、乾燥した住宅よりもダニの数が多いことが指摘されています。ダニはカビを餌として繁殖するともいわれていますので、高湿度状態でカビが繁殖している環境では、ダニも多い可能性があります。カビは、MVOC（微生物由来揮発性有機化合物）に分類される化学物質——マイコトキシン（カビ毒）や1→3-β-グルカンというアレルゲン物質を産生するといわれています。MVOCにはアルコール類やケトン類等の揮発性物質が含まれており、「かび臭さ」と関連していますが、健康との影響については明らかではありません。

② カビの多いのが特徴

　ダンプビルディングの室内環境の特徴を示すために、秋田県内の住宅10件（No.1〜10）を対象に実施した実測調査を紹介します[7]。

　対象住宅は、1999年以降に建設された戸建住宅であり、断熱気密施工がなされています。換気設備は第1種が5件、第3種が3件、換気設備なしが2件あり、ほとんどの住宅で換気扇を常時運転させています。

　これら10件の住宅には、ケース群として、アレルギー性症状を有する家族がいる住宅が5件含まれています。症状がない住宅は、コントロール群とします。

　表1に、ケース群の症状を示します。全体的に子供の症状が重く、13人中12人は医師による診察を受けた経歴があり、アレルギー性鼻炎が5人、アトピー性皮膚炎が6人、気管支喘息が3人、さらにアレルギーテストによりハウスダストに対する陽性反応を持っている子供が3人見られます。現在も6人の子供は薬を服用することがあります。

表1　ケース群5件の居住者の健康状態

住宅No.	家族のアレルギー性疾患等の状況	両親のアレルギー歴	新築(引越し)後の発症
01	母親(40代)：目、皮膚のかゆみ 長男(11)：アトピー性皮膚炎※、気管支喘息※、アレルギー(ハウスダスト、卵)※ 長女(7)：アトピー性皮膚炎※ 次女(6)：アレルギー性鼻炎※	なし	有り
02	長女(10)：花粉症※ 長男(9)：花粉症※、アレルギー(ハウスダスト)※	なし	有り
03	母親(40代)：花粉様症状 長女(13)：アレルギー(猫) 次女(10)、三女(8)：アトピー性皮膚炎※、アレルギー性鼻炎※	有り	なし
04	父親(40代)：咳 母親(40代)：アレルギー性鼻炎※ 長男(13)、次男(11)：アレルギー性鼻炎※、アレルギー(ハウスダスト)※ 三男(9)：気管支喘息※	有り	なし
05	母親(40代)：体調不良症状あり 長男(18)、次男(17)：アトピー性皮膚炎※ 長女(11)：気管支喘息※	有り	有り

( )は年齢
※病院にて診断を受けた症状。その他の症状は家族の自己申告による。

　アレルギー体質には遺伝的要因も指摘されており、今回の対象住宅のうち、親のアレルギー歴がある住宅は3件、新築あるいは引越し後に症状の発症が見られた住宅は3件あります。いずれの住宅でも、症状が常に見られるわけではなく、たいていは季節の変わり目に発症しています。温湿度のように住宅内の環境には季節変化があり、同時に化学物質濃度や微生物濃度にも季節変化があるとすると、濃度が上昇する時期に症状が悪化することが予想されます。なお、コントロール群の居住者の健康状態は、いずれも良好です。

　調査は1年間継続し、居住者の症状の変化と物理環境の変化を

同時に捉えることを試みました。図1は、ケース群とコントロール群の月平均の外気と居間の絶対湿度の関係を示しています。ケース群の絶対湿度は、No.03、No.04、No.05のように、外気絶対湿度が低下しても居間絶対湿度が低下していない住宅があり、室内での水蒸気発生量が多い、あるいは換気により排気されていない状況が窺えます。

図1　月平均外気絶対湿度と居間絶対湿度との関係

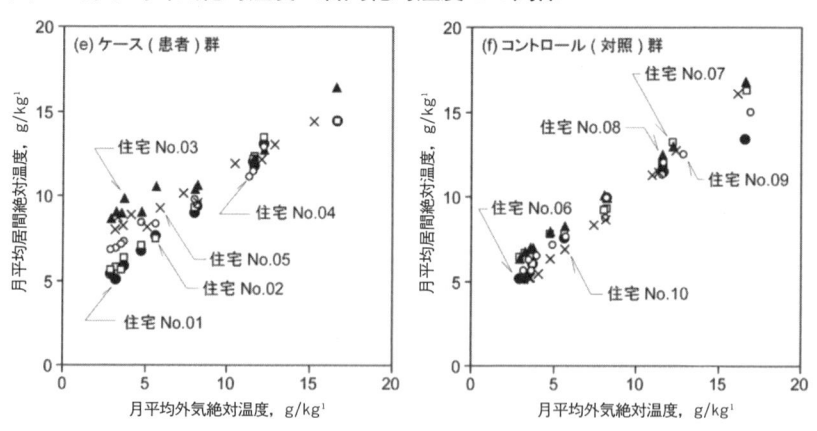

　図2はケース群とコントロール群のカビ数（PDA培地）の月変動を示しています。太実線は各群の平均カビ数を示しています。両群ともに9月と6月の前後にカビ数が多い点は同じですが、両者の相違点は冬期に見られます。コントロール群では9月にカビ数のピークを示し、それ以降徐々に減少するのに対して、ケース群では、カビ数が9月のピーク以降、2月まで減少していません。特に、No.03とNo.05では冬期のカビ数が増加しています。このように、冬期にカビ数が減少しないことがケース群の特徴の一つと言えます。

図2　居間のカビ数（上図：ケース群、下図：コントロール群）

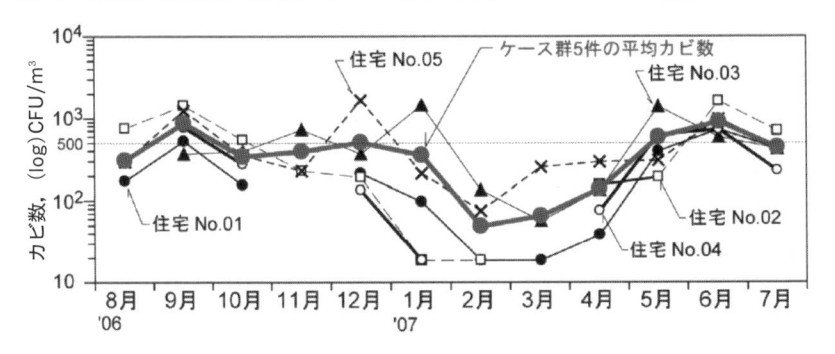

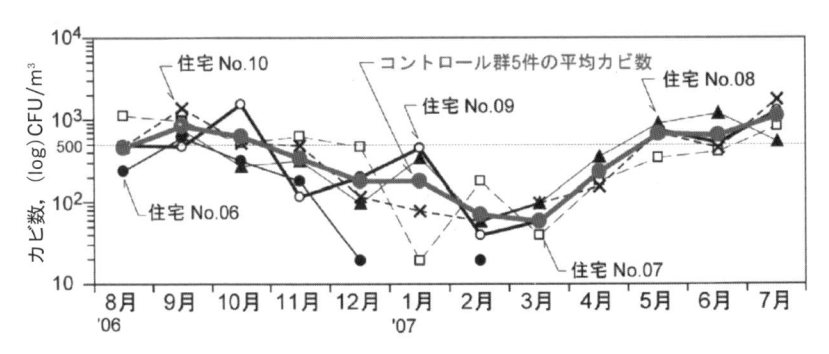

　調査ではダニ量を計測していますが、いずれの住宅でも年間を通じて少ないことがわかりました。特に、ケース群の住宅では、ダニアレルゲン除去を意識して掃除頻度の高いことが確認されています。

　本調査により、ダンプビルディングを特徴付ける環境要因の一つとして、カビ数があることがわかりました。また、室内のカビ数と体調不良症状との間に関連性は疑われますが、現段階ではカビアレルゲンの寄与を明確に示すには至らず、今後の検討が必要です。

参考文献

1) 長谷川兼一：住宅の Dampness が居住者の健康に及ぼす影響に関する検討，日本建築学会　第33回熱シンポジウム「湿気研究の実用的展開」講演資料，pp.61-68，2005年11月．
2) C.G.Bornehag, J.Sundell, T.Sigsgard : Dampness in buildings and health : Report from an ongoing epidemiological investigation on the association between indoor environmental factors and health effects among children in Sweden, Indoor Air 2004 ; 14, pp.59-66, 2004.
3) C.G.Bornehag, J.Sundell, Ch.JWeschler, T.Sigsgaard, B.Lundgren, M.Hasselgren, L.Hagerhed-Engman : The Association between Asthma and Allergic Symptoms in Children and Phthalates in House Dust : A Nested Case-Control Study, Environmental Health Perspectives, vol 112, pp.1393-1397, 2004.
4) B.Kolarik, K.Naydenov, C.G.Bornehag, J.Sundell : Concentrations of Phthalate Esters' Found In Homes Of Healthy And Allergic Children, The 6th International Conference on Indoor Air Quality, Ventilation & Energy Conservation in Buildings PROCEEDINGS II, pp.255-262.
5) MS.Zuraimi, K W.Tham, FT.Chew and PL Ooi : Housing Characteristics and young children's respiratory health in tropical Singapore, Healthy Buildings 2006, pp.161-163, 2006.
6) W.J.Fisk et al. : Meta-analysis of the associations of respiratory health effects with dampness and mold in homes, Indoor Air 2007, Vol.17, pp. 284-296, 2007.8.
7) 長谷川兼一，高松真理，松本真一，源城かほり：住宅の湿度環境と健康影響に関する研究　その6　戸建住宅10件を対象としたケース・コントロール研究手法に基づく長期実測，日本建築学会大会学術講演会梗概集（オーガナイズドセッション），D-2, pp.871-874, 2008年9月．

6 屋外環境の影響

大阪大学大学院工学研究科 環境・エネルギー工学専攻
教授　下田 吉之

大阪大学大学院工学研究科 環境・エネルギー工学専攻
講師　鳴海 大典

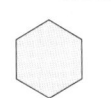

はじめに

　わが国の大都市域では、都市化の進行に伴うヒートアイランド現象が進行しています。温暖な地域では、このヒートアイランド現象が人間の健康やエネルギー消費、さらに自然生態系に大きな影響を及ぼしています。

　図1は、これまでの研究例などから推定した、ヒートアイランド現象の影響連関図です[1]。この図では、「人間活動」によって引き起こされた気温上昇に代表される「都市気象」の変化が、「エネルギー・資源」や「人間健康」、「都市生態系」に及ぼす影響と、それら相互の複雑な因果関係をまとめています。

　以下では、統計データや独自の実態調査、シミュレーションなどを用いて、ヒートアイランド現象が「人間健康」に及ぼす影響を定量的に評価した結果を紹介することにします。

図1　ヒートアイランドと各影響に関する Cause-and-Effect Chain

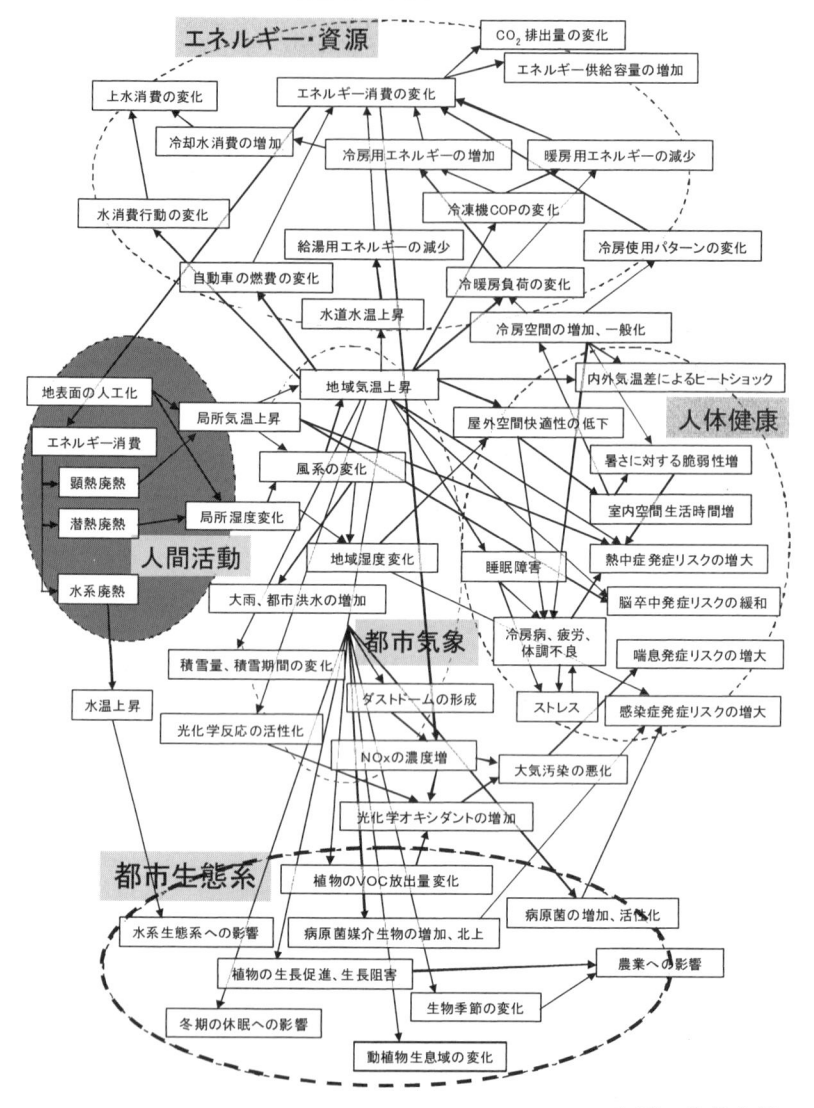

出所：参考文献1

1 ヒートアイランド現象と（人間）健康の関係

　表1は、メソスケール数値気象モデルと保健所の疫学調査データを基づき、大阪府におけるヒートアイランド現象の進行が人間健康に与える影響を定量化した結果です[2]。この表は、図2に一例（熱中症による救急搬送数と脳梗塞による死亡者数）を示すように、各種疫学調査データと屋外気温との相関関係より導き出されたものです。結果として、熱中症発生数に関しては、ヒートアイランド現象が存在することによって、大阪府内で5.3人（一日当たり）増加する一方で、各種疾患による死亡者数は概ね減少、各種感染症の報告数は概ね増加すると予測されました。

　この結果から、ヒートアイランド現象による屋外熱環境の変化が人間健康に与える影響は大きいこと、また、その影響は人間の健康に対してデメリットのみならずメリットも発生しており、単純に悪影響のみを評価できない複雑な構造にあることが示された、と言うことができます。

表1　ヒートアイランド現象が人間健康に与える影響（大阪府）

	項目	変化人数	変化率
搬送者数の変化	熱中症	+5.3	+139.4%
死亡者数の変化	脳梗塞	−0.40	−3.7%
	脳内出血	−0.21	−4.7%
	くも膜下出血	−0.09	−4.6%
	気管支喘息	−0.06	−8.4%
	肺炎	−0.83	−5.5%
	慢性閉塞性肺疾患	−0.10	−4.2%
	老衰	−0.10	−4.5%

定点医療機関から の報告数の変化	手足口病	+12.50	+46.3%
	喉頭結膜熱	+5.03	+33.1%
	腸管出血性大腸菌感染症	+0.11	+9.8%
	感染性胃腸炎	−17.21	−27.7%
	流行性角結膜炎	+0.17	+4.4%
	突発性発疹	+0.69	+3.3%

出所：参考文献2）

図2　疫病と屋外気温との関係

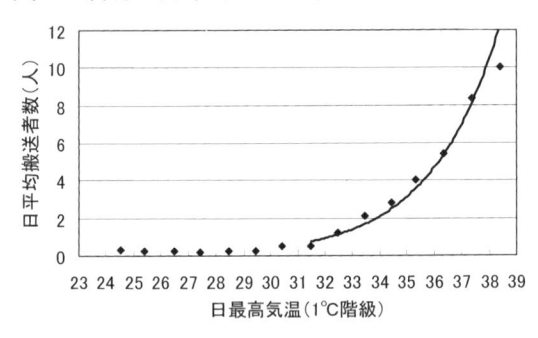

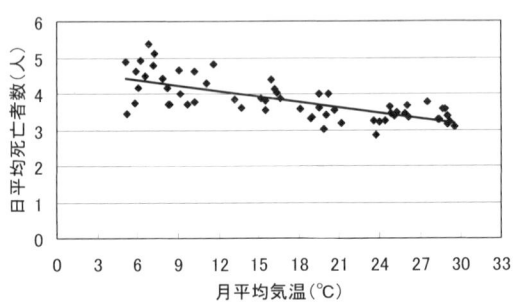

(上：熱中症による搬送者数・大阪市消防局提供、下：脳梗塞による死亡者数・大阪市保健所提供)

出所：参考文献2）

　都市熱環境が人間健康に与える影響は、上記のような死亡や通院に至るものだけでなく、寝苦しさや疲労の蓄積など、多くの市

民が、薄いながらも広範に受ける影響被害も存在しています[3]）。筆者たちはこの点に関して、インターネットを通じたアンケート調査により、大阪府と東京23区における屋外気温と睡眠障害の関係について分析を試みました（図3）。

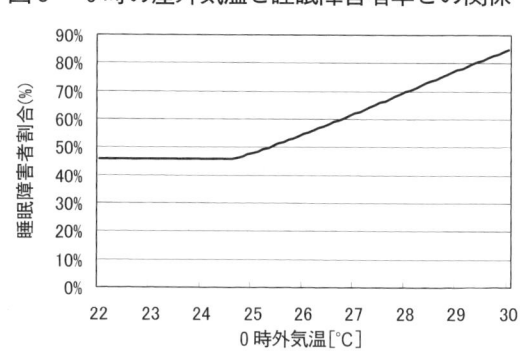

図3　0時の屋外気温と睡眠障害者率との関係

　その結果、住宅で冷房を使用していない場合、屋外気温が24.7℃を超えると、1℃上昇するごとに睡眠障害率が7.3％ずつ上昇することが確認され、住宅で冷房を使用している場合には、有意な上昇は確認されませんでした。
　この結果から、死亡や通院には至らないが、薄く広い影響被害は確実に存在することが示されるとともに、冷房の使用は睡眠障害の軽減に効果があることが示されたことになります。
　産業技術総合研究所の玄地博士のグループでは死亡や通院に至る中度から重度の暑熱、寒冷ストレスによる影響被害と、一般的には軽度な影響被害と評価される睡眠影響について、LIME（Life-Cycle Impact assessment Method based on End point modeling）を用いた経済損失評価を行っています[4]）。
　図4に示すように、重度の影響被害については、寒冷ストレスの軽減に伴うメリットが、暑熱ストレスの増加に伴うデメリット

の影響を大きく上回ることが示されています。その一方で、睡眠障害の増加に伴うデメリットが非常に大きく、軽度ではあるが、曝露範囲の大きい影響被害について評価することの意義が示されています。この評価は、さらに軽度な影響被害である疲労などの影響が含まれていないなど、屋外熱環境が人間健康に及ぼす影響の全貌を評価しているとは言えませんが、屋外熱環境の変化が健康に及ぼす影響を効果的に軽減していく上で、このような評価ツールの充実が不可欠であることを示していると言えるでしょう。

図4 LIMEを用いたヒートアイランドに伴う環境影響の比較結果

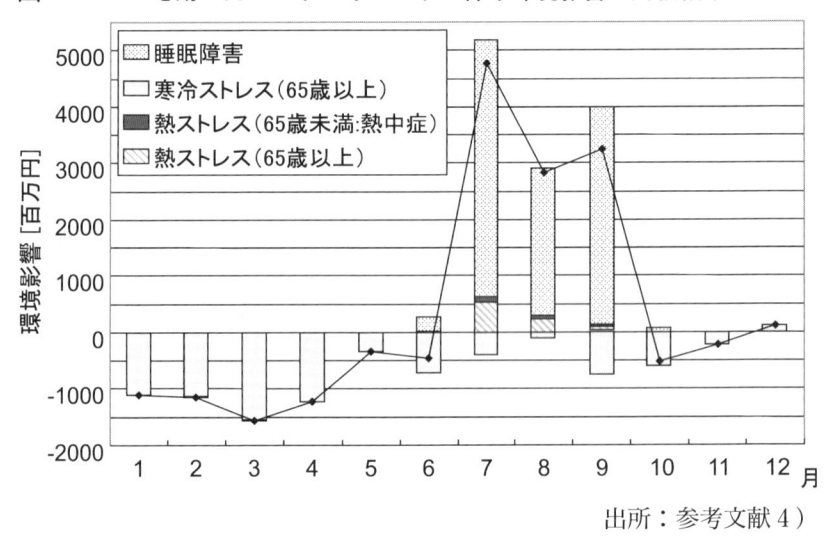

出所：参考文献4）

② ヒートアイランド下では冷房も必要

さて、これら夏期の屋外熱環境変化による健康被害を抑制するためには、どのような手段を用いるべきでしょうか。

もちろん、都市における緑地・オープンスペースの確保や屋上

緑化・高反射塗装・保水性舗装などの対策により、ヒートアイランド現象自体を抑制する緩和策が望ましいことは言うまでもありません。しかし、それには10年単位の長期の取り組みが必要です。

　上述したように、ヒートアイランド現象による気温の上昇や熱帯夜の増加は、すでに私たちの健康に少なからず影響を及ぼしています。特に高齢者など弱者に対しては深刻な影響を及ぼしていることから、その対策は急務です。

　これまで述べてきた健康被害は、屋外での曝露だけでなく、室内の熱環境悪化も大きな要因となっています。例えば、高齢者の熱中症発症場所は室内が意外に多く、重症となる場合も数多く報告されているのです。緩和策だけでなく、気温上昇による健康その他に与える影響を最小限に抑えるための適応策を早急にとることが必要となりますが、その一つの重要な対策は、冷房でしょう。冷房はこれまで、贅沢なエネルギー消費の象徴と捉えられ、できれば使用しないことが望ましいと考えられてきました。しかし、実際には、わが国の住宅における冷房エネルギーの使用割合は数パーセントに過ぎず、給湯や暖房のエネルギー消費に比べればはるかに小さいのです。

　むろん、冷房病等の問題もあり、1日の中で屋外に出て汗をかき、身体を馴化させることも健康のために必要です。しかし、近年のヒートアイランド現象による暑さは人工的に作り上げられたものであり、もはや窓を開けての通風や我慢だけで対応できるものではありません。エネルギー効率の高い冷房装置を、特に高齢者など弱者の居住空間に普及させ、猛暑の時など必要なときに適切に使用することを啓蒙することも、これからの健康住宅には重要な課題と考えられます。

参考文献

1) Yoshiyuki Shimoda, Daisuke Narumi and Minoru Mizuno : Environmental Impact of Urban Heat Island Phenomena - Cause-effect chain and evaluation in Osaka City-, Journal of Life Cycle Assessment, Japan, Vol.1, No.2 (2005-7), pp.144-148.
2) 鳴海大典,下田吉之,水野 稔:気温変化が大阪府域における人間の健康面へ及ぼす影響,日本建築学会大会学術講演梗概集(九州),環境工学 D-1,(2007-8),pp.763-764.
3) 玄地 裕,井原智彦,宮沢和貴,鳴海大典,下田吉之:居住環境における健康維持増進に関する研究 その10 外気温上昇が居住者の睡眠障害に及ぼす影響,日本建築学会大会学術講演梗概集(東北),環境工学 D-1,(2009-8).
4) 玄地 裕,岡野泰久,井原智彦:ヒートアイランド現象によりもたらされる環境影響の定量化,日本気象学会2008年度春季大会講演予稿集,(2008-5),p.308.

7 健康影響を減らすライフスタイル

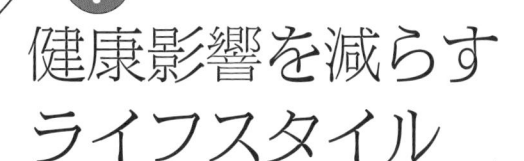

国立保健医療科学院建築衛生部 部長　大澤 元毅

1 ライフスタイルと居住リテラシー

　近年、独自の主張・信念・価値観に基づいて意思決定や行動しようとする生き方、そのアイデンティティが「ライフスタイル」と呼ばれ、注目されています。そして、その「ライフスタイル」が「住まい」あるいは「住生活」に適用されたとき、健康影響の低減や健康増進の促進にかかわる住宅装置の選択・購入や操作・設定を左右しますし、環境を変えることになり、健康に大きな影響を及ぼすことも言うまでもありません。（図1）

図1．ライフスタイルと「健康影響低減」「健康増進促進」とのかかわり

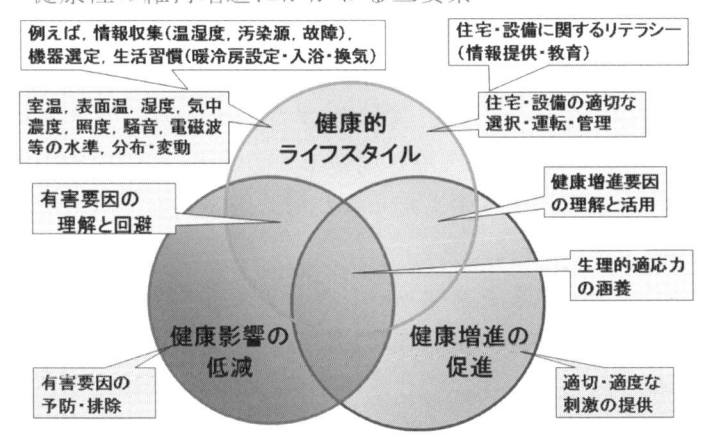

健康性の維持増進にかかわる三要素

- 例えば，情報収集（温湿度，汚染源，故障），機器選定，生活習慣（暖冷房設定・入浴・換気）
- 住宅・設備に関するリテラシー（情報提供・教育）
- 室温，表面温，湿度，気中濃度，照度，騒音，電磁波等の水準，分布・変動
- 住宅・設備の適切な選択・運転・管理
- 有害要因の理解と回避
- 健康増進要因の理解と活用
- 生理的適応力の涵養
- 有害要因の予防・排除
- 適切・適度な刺激の提供

（健康的ライフスタイル／健康影響の低減／健康増進の促進）

このように、居住環境形成に影響の大きい「ライフスタイル」ですが、多くの場合、個人的な家庭環境やその時の社会経済情勢、マスメディアなどの影響のもと、個人あるいは集団の資質や性格の制約のなかで形成される独自のもので、合理性や適切さが保証されているとは限りません。健康性を犠牲にしても他の目的の実現を重視したり、恣意的・利己的な情報提供や誘導がなされ、不適切な信念や価値観の形成を助長してしまうおそれさえあります。

　一方、住宅には新しい技術や便利な製品が浸透し、さまざまな住宅設備・什器・機器・薬剤に頼る機会が増えています。しかし、「インテリジェント」とか「スマート」と銘打って提供される、研ぎ澄まされた機器やシステマティックに組み合された構造設備ほど、デリケートで、選択・組み合わせや設定・操作・管理の適否・巧拙が、形成される居住空間に大きな影響を与える場合が多くなります。環境問題や資源エネルギーなどの社会・技術的な制約にも多面的な配慮が求められるなか、その購入（建設）時における選択、利用時における設定や操作を合理的に行う知識や判断力（「居住リテラシー」と呼びます）を活用し、住みこなしていくことは、近年ますます難しくなっていると言えるでしょう。

　同じ住まいに対する接し方ではありますが、「ライフスタイル」は価値観に基づく主張・信念、「居住リテラシー」は技術・生活情報に基づく判断で、この両輪は密接なかかわりを持ちますから、そのどちらが欠けたり歪んだりすれば、健康的な住みこなしは難しくなります。

　構造や設備など、さまざまなハードウェアの進歩・高性能化が進むなか、居住者の選好や使いこなしに方向性を示す、ソフトな仕掛けや情報提供の重要性が増しています。このような観点からライフスタイルを捉え、居住リテラシーと関連づけながら、健康

影響の改善に資する知見整備と、今後の方向性に関する提言を行うことが求められています。

2 ライフスタイル活用のパターン

「ライフスタイル活用」にも、さまざまな切り口があり、それに応じた多様な背景と展開の方向性が考えられます。それをまず三つのパターンに整理しました。

(1) 伝統的な住まい方の知恵の活用

長年の、材料・技術・コスト制約の中で培われてきた、通風、採涼、蓄熱、天然材料利用など伝統的な技術や行動・習慣(ライフスタイルの資産)を、環境や資源の制約が再び厳しくなった現代に適用させる道を探る、歴史に学ぶ環境志向の切り口。

(2) 居住者の要求・嗜好の実現

居住者の主張や満足にかかわる狭義の「ライフスタイル」に関連しますが、悪習慣を含む場合もあり、合理的判断や行動との整合性が問われる切り口。

(3) 技術・社会的変化への合理的対応

建築材料や設備機器の技術革新、都市化・過疎化・少子高齢化・生活時間の多様化、資源・エネルギー制約の高まりのなか、高度化と多様化を続ける住宅システムに対処し、合理的に住みこなすための切り口。

(1)も興味深い切り口ですが、健康性からはやや離れますので、(2)に配慮しながら、主に(3)への貢献をめざして検討を進めることになります。(2)については、技術や社会の変化に適合しているかを吟味し、その取捨選択・軌道修正も視野に入れて見直す必要が

あります。また、(3)では、居住者に「合理的な判断・行動を促す情報と示唆」を適切なタイミングで提供する方策と、コンテンツの整備が鍵になります。

③ ライフスタイルと生活行動のかかわり

(1) リテラシーとライフスタイル形成・改変・適用にかかわるモデル【準備】【中長期】

保健衛生・教育の分野には、ライフスタイルの視点から、健康性・安全性にかかわる生活行動が形成・改善されるプロセスを表現したモデル（らせん状に上昇するステージ仮説、トランスセオレティカルモデル）があります。

以下の記述は、「ライフスタイル病」とも称される、糖尿病・高血圧血症などの、生活習慣が発症原因に深く関与する疾病、いわゆる「生活習慣病」に長年対処してきて実績のある知見を援用したものです。

大雑把に「前熟考」「熟考」「準備」「実行」「維持・定着」といった段階分けがされ、「それぞれの段階（状況・進捗）に応じた働きかけ方」があること、「利得とコストのバランス」「可能だという見込み感（セルフエフィカシー）」を醸成することの必要性、などが示されています。

もちろん、窓開けや温度設定操作といった短期的な居住行動（後述）と生活習慣病対策とでは、効果発現までの時間経過も、実行に要するコスト（障害）や利得（報酬、脅威の解消）も違いますが、人間心理とその行動習慣に働きかけるという構造はよく似ています。例えば、このような「介入（保健医療分野の用語）」では、学習効果の経時減衰効果、セルフモニタリングなどの認知

手法、報酬の強化手法、等にさまざまなノウハウの蓄積があり、おおいに参考になるところです。

(2) 情報収集・判断・環境調整行動とライフスタイルのモデル【短期】

「窓開け」や「空調設備の温度変更」などの短期的な居住行動にかかわるモデルは、対象となる「構築要素」、形成される「居住環境」、居住環境・居住ニーズ・内的／外的要因を踏まえて行う「環境判断」、そしてその判断を踏まえて実行される「環境調整」などの循環から構成されます。この場合の介入も、利得（報酬刺激）の強化（分かりやすさ、継続性、達成感）、コスト（手間や経費）の削減と、判断の基礎となるリテラシーの強化・改善の両面から行われますが、そのサイクルが短いことが特徴です。

4 ライフスタイルに関する働きかけとその展望

「ライフスタイル」は、成長時の家庭生活に始まり、学校教育、社会体験などを経て形成された個人の基本戦略ですから、見識・個性として尊重する必要があり、個人に対する働きかけ（介入）は健康や社会防衛などへのネガティブ要因是正が基本になります。

前述したとおり、近年の建築・設備の技術、社会情勢や環境制約の急速な変化に、居住者がついていくことはますます難しくなっていることは間違いありません。高度化・複雑化する住宅を住みこなして快適健康な環境を作るために、どのような情報を、どんな方法とタイミングで提供すべきかについて具体的な検討と提案が求められています。

⑧ 健康な住まいを作る技術

近畿大学理工学部建築学科 教授　岩前　篤

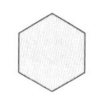

はじめに

　本稿での「健康な住まい」とは、居住者の健康性に悪影響を与えない、健康影響度を可能な限り低減することを目的とした住まいのことをいいます。

　90年代に顕在化し、社会問題となったシックハウスは、住宅自体の気密化と、特に人工建材から発散する化学物質が原因とされ、いわゆる室内空気質問題として対応策が検討されました。これ以降、化学物質の含有が少ないと考えられる自然素材を多用し、室内と外気との換気を確保した住宅を、"健康住宅"と呼称する傾向が出てきました。

　しかしながら、室内環境には、空気質だけではなく、音・熱・光など他にさまざまな要素があります。これらの健康性への影響を検討することが、真に健康な住まいを作る上で重要なのです。この観点で、近年、前述した環境要素について、それぞれの健康性への影響度を改めて検討する研究活動が行われ始めています。

1　健康な住まいをつくるには技術が必須

　健康影響度低減部会の5番目の小委員会である要素技術検討小

委員会は、健康な住まいを具現化するための住宅のさまざまな技術要素を、関係する専門家の知見に基づき、全体的に整理しています。

上記の技術には、環境要素を調整するハードウェアだけではなく、一般の居住者が技術を正しく利用するために必要なソフトウェアも含まれます。このソフトウエアに関して、要素技術検討小委員会がこれまでに得た知見を列記してみましょう。

(1) 温度と健康性：低温による健康障害について

厚生労働省人口動態統計ならびに各地域の救急車発動記録から、死亡ならびに急病発症・事故の発生事象と、これの因子の分析に関する一連の研究が報告されています。[1)~3)]

人体の血流とヒートストレスの関連については、九州大学教授栃原裕氏を中心とした研究グループによってその詳細かつ物理的な構造の明確化が検討されていますが、要素技術検討小委員会では、もう少しマクロ的な観点から、一種の社会的な傾向をとらえることが試されていて、ここでの全ての報告が、低温による人体への健康阻害の影響が小さくないことを示唆しています。

図1は、深夜の住宅内からの救急車発動件数と気温の相関です。他の地域でも、気温と救急呼び出しには概ね同様の関係があることが確認されています。

高温が熱中症の発症要因であることは明白であり、夏季のヒートアイランド化により、年々問題が大きくなっていることが、下田氏らの研究によって明らかになっています。

また、これまでの羽山氏の研究によって、住宅の断熱性と居室の温度変動程度に明確な相関があることがわかっています。このことは、仮に人体健康性の観点でなんらかの低温限界を維持する必要が生じる場合、暖房という機械装置に依存するだけでは問題は解決し難く、住宅の断熱性能を向上させる必要があることを示

しています。[4)]

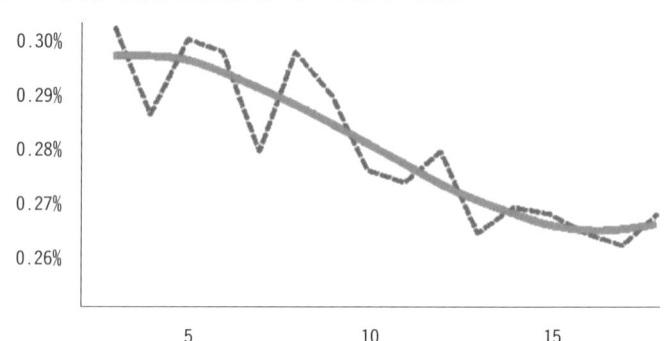

図1　深夜の救急車発動発生率と気温の相関

2000年からの5年間の神戸市の救急搬送記録に基づく、深夜0時から4時の間の家庭内での搬送件数と外気温度の相関を示している（図の破線）。気温が低下するほど、搬送件数が増加する傾向が明確に見られる。

　健康性を保つ上での室内気温の重要性は、近代建築の黎明期から示されていることですが、さまざまな健康障害に共通して大きな影響を持っているであろうことが改めて実証されつつあります。

　建築の現代化が進み、オフィスでは全体空調が基本になっていますが、住宅は気密化が遅れたために、採暖生活が基本となっています。居間のような空間では、それなりの温度に保たれていますが、寝室・脱衣所・トイレといった空間は自然温度になっていることが多く、これが居住者の健康性に支障を与えている可能性が高いのです。健康な住まい具現化の第一として、自然室温の上昇、すなわち断熱性の付与が重要といえるのです。

(2) 光環境の影響について

　室内の適正な明るさは、快適性に必須の事項です。健康性の観

点からこれを見た検証事例は多くはありませんが、近年になって、安眠を目的とした寝室を対象とする検討事例が見られるようになりました。人体固有のサーカディアンリズム（ヒト既日リズム）を整えるためには、明るさと暗さの対比が重要で、日周期でこれを整えることが基礎的な体調維持に有用であること、入眠前の室内の色が睡眠への導入過程に大きな影響を持つことなどが示されています。また、高齢者の転倒などの家庭内事故の防止のために、多灯化を含む高齢者対応照明技術が提示されています。

過度な利便性の追及に傾きがちな現代的都市生活では、生体リズムを乱す危険が大きく、健康阻害要因として重要です。健康な住まいのために、室内の明るさ・暗さを、生活リズムに合わせて調整・制御できることが重要といえましょう。[5]

(3) 技術の浸透に関するソフトウェアの重要性

日常生活においては、さまざまな技術と情報が氾濫し、パソコンなどの情報端末がいくら発達しても、たちまちに情報飽和となり、生活自体は従前とそれほど変わらないものです。

洗濯物の室内干しの室内高湿化への影響は小さくなく、非暖房室や収納内部での高湿化を招きます。このことを居住者に伝え、浴室乾燥機の使用を薦めると、一時的に乾燥機使用に移行しますが、2週間程度で元の室内干しに戻ることが多いという事象が報告されています。このことは、一般の居住者に対する情報提供を考える上で非常に重要であり、今後、情報リテラシーの検討が課題であることが示されています。居住者への情報提供は、いわゆる"教育"そのものであることが示唆されているといえます。

また、日常生活における設備機械・情報端末などは、おおまかには居住者の年代ごとに、利用する目的・機能が異なる傾向があるため、年代ごとの情報提供の必要性があります。家電の選択も難しくなっており、種別ごとに「選び方・使い方ガイド」を作成

して情報提供していますが、ある種の「見える化」、「リテラシー育成」が求められているのではないでしょうか。

特に、リテラシーの育成は、日常生活における消費者への教育という大きな課題を持ち、極めて重要であることは明らかです。すなわち、健康な住まいを実現する技術には、ハードウェアだけではなく、これを一般の居住者に伝えるソフトウェアも重要なのです。

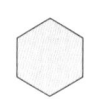

まとめ――健康な住まい実現技術の今後

　ここで示した要因以外には、空気質、音環境がありますが、これらは、いずれも、すでに多くの研究がなされており、その成果は、現代の住宅の作り方に反映されています。しかしながら、これら以外の要因については、人体健康性の感度の大きなばらつきにより、その影響程度を定量化することが困難な事象ばかりです。例えば、湿度については、過乾燥による肌の傷みや、感染症の増加がいわれていますが、加湿には大きなエネルギーが必要であり、また結露の危険性が上昇するため、最低限のレベルを知りたいところです。現状では、その答えは曖昧であり、おおよそのレベルが示されているにすぎません。

　健康美容に関する関心の高さも顕著に示されています。この関心の高さは、美容の健康への悪い影響を低減するというよりも、健康の増進に寄与するものとして分類されるものかもしれませんが、美容と健康の因果関係が無視できないことが示されています。その点でも、湿度環境の明確化についてなんらかの定量化を検討する必要があるでしょう。

参考文献

1) 華山真行，岩前　篤，石津京二，石黒晃子：居室温度の人体健康性におよぼす影響の検討　その1　神戸市救急搬送データによる低温の影響評価，日本建築学会大会梗概集 D-2分冊，2007年，pp.65-66.
2) 林　基哉：住宅の冬期室内環境の改善に関する基礎的研究　―気温が死亡率に与える影響とその変遷，宮城学院女子大学生活環境科学研究所研究報告，第39号，12－18，2006年.
3) 内田真生，羽山広文，絵内正道，菊田弘輝，小林直樹，鈴木憲三：住宅の性能評価に関する研究　その1　住宅の断熱性能が室内温度分布と年間空調負荷に与える影響，空気調和・衛生工学会北海道支部学術講演会論文集，pp.131-134，2008.3.
4) 小林直樹，羽山広文，絵内正道，菊田弘輝：住宅内室温分布の要因分析とその評価方法に関する研究　その1　暖房期における住宅内室温分布推定法の提案，日本建築学会大会学術講演梗概集 DII，pp.103-104，2008.9.
5) 照明学会誌「特集　健康のための光」，第93巻　第3号2009年3月.

III これからの住まいと健康

(健康増進部会の成果より)

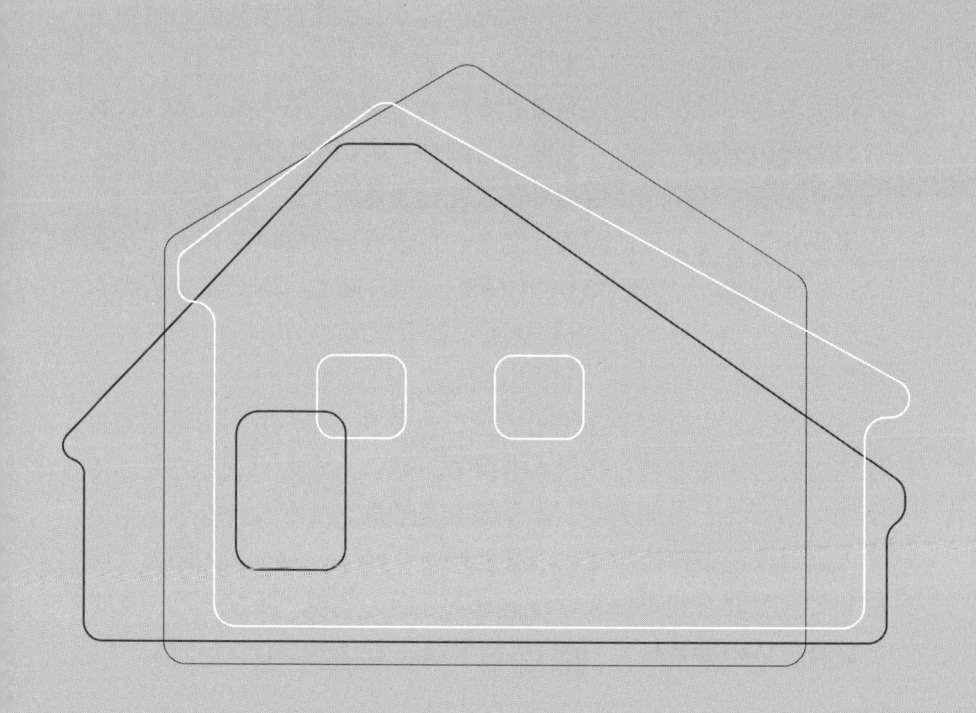

健康増進住宅の考え方

早稲田大学創造理工学部建築学科 教授　田辺 新一

1　健康維持増進住宅の考え方

　少子・高齢社会、人口・世帯縮減社会が到来し、環境問題も一層高まるなかで、国民の住宅へのニーズも、多様化・高度化しています。また、高齢化の急速な進展に加え、生活習慣病の増大などのわが国の疾病構造の変化により、医療費の増大が大きな社会問題となっています。現在の状況が続くと医療保険制度の破綻を招く、との懸念も出ています。

　国民が真に豊かさを実感できる社会を実現するためには、これらの問題の解決に向かって努力を傾け、国民一人ひとりが生涯にわたり元気で活動的に生活できる社会を建設することです。

　平成19年6月1日に閣議決定された政府の長期戦略指針「イノベーション25」においても、中期的に取り組むべき社会システムの改革の一つとして、「生涯健康な社会形成」が位置付けられています。

　人間は、人生の大半を住宅で過ごします。その生活基盤である住宅には、家族と暮らし、人を育て、憩い、安らぐことのできる空間であることに加えて、より健康を増進させるようなアメニティの高い環境を保持している必要があります。個々の人間を大切にして、生涯を健康に暮らし通せる社会の実現、及びそれを支える日常生活の場として「健康維持増進住宅」が位置付けられます。

図1　居住環境における健康影響低減と福利・厚生増進

```
┌─────── WHO（世界保健機関）による健康の定義 ───────┐
│ 「完全な肉体的、精神的及び社会的福祉の状態であり、      │
│  単に疾病または病弱の存在しないことではない」(訳:厚生労働省) │
└──────────────────────────────────┘
                        ⇩
┌─────── 居住環境における健康維持増進 ───────┐
│ ┌─── 健康影響低減 ───┐  ┌── 福利・厚生増進 ──┐ │
│ │ (Reduction of Health Load)│ │(Promotion of Well-Being)│ │
│ │  疾病や病弱でない状態  │  │ 肉体的・精神的・社会的に│ │
│ │         ⇩          │⇔│   完全に良好な状態   │ │
│ │ 健康被害や疾病のリスクの│  │個人や社会のQOLの向上や│ │
│ │     低減が必要      │  │個人/社会生活の活性化が必要│ │
│ └──────────────┘  └──────────────┘ │
│     健康影響低減と福利・厚生増進を同時に考慮          │
└──────────────────────────────────┘
```

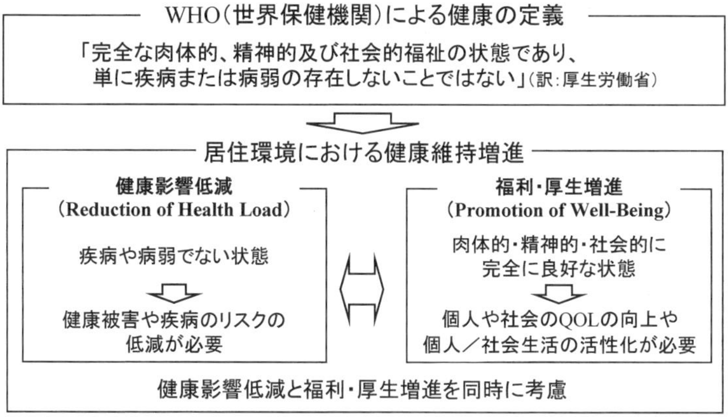

　健康維持増進の考え方として、健康への悪影響の低減と、福利・厚生増進の2つの側面に着目しなければなりません。前者は、健康被害や疾病のリスクを低減すること、すなわち「健康影響低減」と捉えることができます。また、後者は、肉体的・精神的・社会的に完全に良好な状態に向けて、個人や社会のクオリティ・オブ・ライフの向上や個人生活／社会生活の活性化を推進すること、すなわち「福利・厚生増進」と捉えることができます。ですから、健康維持増進住宅の開発に向けては、「健康影響低減」と「福利・厚生増進」の双方の観点から、新たな住環境やコミュニティのあり方を総合的に研究することが求められることになります。

図2　既存の資本から抽出される新しい資本としての健康資本

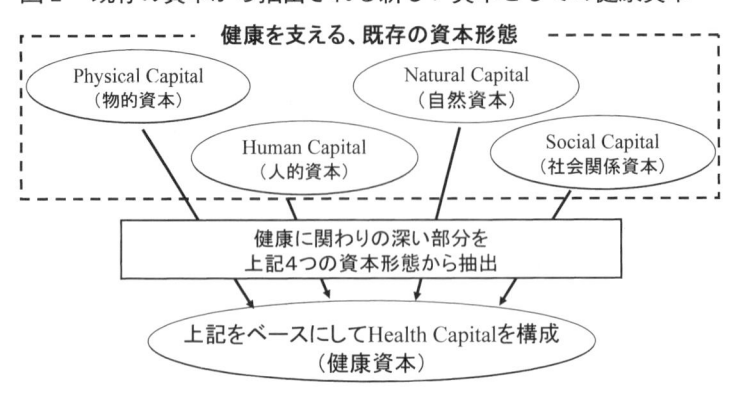

② 健康増進住宅の対象範囲と検討項目

(1) 対象範囲

　これまでの調査研究で、「健康影響低減」の面では、シックハウス対策等が行われてきたことから、学術的な知見の蓄積が豊富にあります。一方、「福利・厚生増進」の面においては、民間企業において個々に研究は行われていましたが、科学的な知見に基づいた統一的に評価された技術は少ないのが実状です。

　そこで、健康増進部会においては、福利・厚生増進という側面に関して、その概念を整理するとともに、現状を明らかにし、今後必要とされる技術開発及び評価指標について整理を進めています。検討に際しては、福利・厚生増進のための手法が環境負荷を増大させないことを大前提とし、自然エネルギーの活用など、自然環境との調和を念頭に置くこととしています。

　福利・厚生増進には、必ずしも負荷のない環境が最適というわけではなく、身体的及び心理的な状況に応じて適度な負荷や刺激

が必要であり、人間本来の順応性や生活の知恵を引き出すという視点も重要です。また、汎用性を高めるという観点から、既存住宅への適用や経済性に配慮した検討を行うこともしなければなりません。

　ヘルスキャピタル・ワーキンググループでは、図3に示すように空間スケールにおける評価対象を、①人体・部屋・建築スケールと、②地域・社会スケールとに分類し、前者を個人的健康資本、後者を社会的健康資本と定義しています。本健康増進部会においては、①人体・部屋・建築スケールにおける個人的健康資本を扱っています。

図3　健康資本の枠組みにおける評価対象の設定

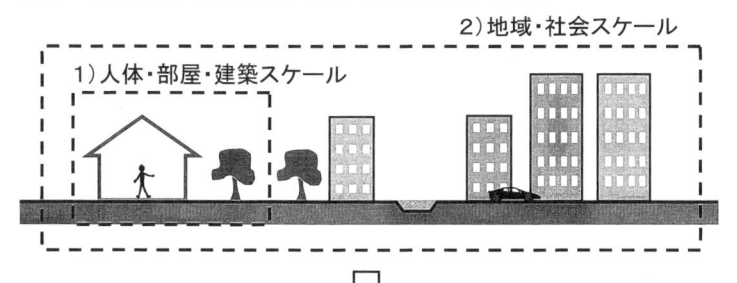

1) 人体・部屋・建築スケール
2) 地域・社会スケール

各スケールに対応するヘルスキャピタルを設定
1) 人体・部屋・建築スケール → 個人的ヘルスキャピタルと定義
2) 地域・社会スケール　　　 → 社会的ヘルスキャピタルと定義

　健康増進部会において研究の対象とする範囲は、図4に示すように「福利・厚生増進」及び「個人的健康資本」の領域に属する検討課題としています。

図4　健康増進部会の研究対象範囲

健康資本	個人的健康資本 （人体・部屋・建築スケール）		社会的健康資本 （地域・社会スケール）	
	設計仕様	住まい方	インフラ	社会システム
健康影響低減 （健康維持）				
福利・厚生増進 （健康増進）	健康増進部会の 研究対象範囲			

　人間の健康は、一般に成長期、青・壮年期、高齢期といったライフステージによって大きく異なります。そのため、健康増進の目的も、成長期においてはいかに健康な肉体と精神を作り上げるか、青・壮年期においてはいかに健康な肉体と精神を維持するか、そして高齢期においては肉体と精神の老化をいかに抑制するか、が健康増進の目的となります。このことを鑑みると、健康増進に関する検討課題はライフステージごとに分けて整理する必要があります。また、健康増進のための技術や対策がどのライフステージに対して有効であるか、を明確にすることも重要です。その前提として、成長期、青・壮年期、高齢期の各ライフステージにおける身体機能の発達、維持、衰退の程度や適切な負荷や刺激の程度、快適感の捉え方の差異など、人間の生理的特性を的確に把握する必要があります。そして、図5は各ライフステージと健康度の関係を概念図に示したものです。

図5　ライフステージと個人の健康度の関係

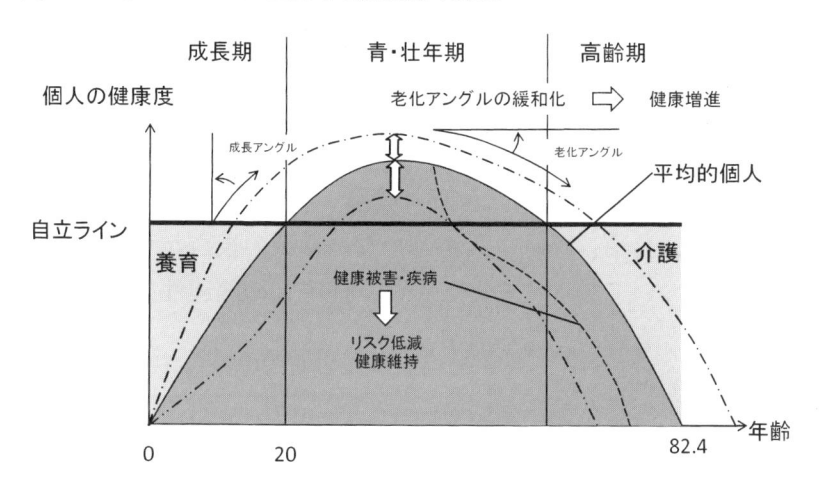

　また、ライフステージごとの健康増進に関する検討課題の整理だけでなく、健常者と心身障害者及びジェンダー等について考慮することも重要です。さらに、人間が生活するための基盤として、人間のつながりや家族のつながりへの配慮の視点も不可欠であり、家族の成長の過程において、オン・デマンドに必要な機能を簡単に追加できる住宅の可変性に関する検討も求められます。

(2) 住育の構築と実践

　ハードとしての「健康維持増進住宅」が実現できたとしても、それを上手に使いこなすことが不可欠です。すなわち、「健康維持増進住宅」の処方箋である「住まい方」を人々が理解し、誤解なく日常生活を送り、広く「健康」である状態が維持されることが望まれるのです。そのためには、「住育」という概念が構築され実践されることが望ましいと考えています。

⑶　検討項目

　健康増進部会における検討項目は①～⑦に示すとおりですが、今後、必要に応じて項目の整理や増減を行っていくこととしています。

　さらに、部屋別（居間、台所、寝室、浴室、トイレ等）、行為別（団らん、食事、睡眠、入浴等）など複数の視点から、その現状や課題について整理するとともに、住宅との関連性についても分析することを検討しています。

　①木材・建材
　②住宅設備（冷暖房・換気）
　③住宅設備（浴室・給排水）
　④その他設備（家電製品等）
　⑤光環境・音環境・色彩
　⑥ペット・植物
　⑦ライフスタイル
　　ア）睡眠／食　イ）仕事（SOHO）　ウ）スポーツ
　　エ）家事、団らん

② 健康維持増進住宅に関するキーワード抽出のためのアンケート調査

早稲田大学理工学術院総合研究所　客員講師　博士(工学)　堤　仁美
元早稲田大学理工学術院建築学科　助手　渡邉　進介

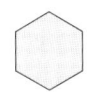

はじめに

　健康増進部会では、住宅における健康維持増進とは何かということを考え、一般生活者に求められる健康維持増進住宅技術について検討しています。第1段階として、健康の維持・増進に対するイメージ・キーワードを抽出するために、アンケート調査を行いました。

1　アンケート調査概要

　住宅における健康維持増進に関するイメージ・キーワードを抽出するため、住宅において健康を維持・増進することの「仮説」を挙げてもらいました。ここで言う「仮説」とは、「〜は健康によいか？」といったものです。科学的証明のあるものだけではなく、噂やクチコミなども含んでいるため、断定型（「〜は健康によい」）ではなく、疑問型（「〜は健康によいか？」）での表現としました。例えば、「木の家は体によいのか？」「半身浴はストレスを軽減するか？」……などです。下記は、実際のアンケート内容を示したものになります。

≪アンケート内容≫

> 住宅にかかわることで、健康を維持・増進することに関する仮説を示して下さい。
> 「○○すると健康によいのでは？」「○○を使うと元気になれるのでは？」という仮説（疑問形）を10個作成してください。科学的に正しいことが証明されているものだけでなく、噂やクチコミ、何でも結構です。自由な発想でお答え下さい。
>
> 例）「木の家は体によいのか？」「半身浴はストレスを軽減するか？」「高い化粧品を選ぶと美顔でいられるのか？」「トイレを暖房すると健康によいか？」……など。

表 1　回答者の基本属性と回答文章数

属性	構成	回答文章数	抽出単語総数
部会準備会	健康増進部会委員の一部。建築設備・環境工学を専門とする研究者。	148	643
大学研究室生	建築設備・環境工学を専門とする建築学科学生・大学院生。	610	3541
大学学部生(共学)	共学大学に通う建築学科の学生。	938	4947
大学学部生(女子)	女子大学に通う学生。	222	1052
部会委員	部会準備会を除く健康増進部会委員であり、建築設備・環境工学を専門とする研究者、住宅メーカーなど住宅供給に関連する企業に勤務する人。	186	1484
計		2104	11667

　回答者の自由な発想を促すため、「住宅に関わること」という制限は設けましたが、住宅そのものや住宅技術に限らず、衣・食・住・ライフスタイルなどといったさまざまな視点から自由に回答してもらいました。大学生・大学院生・住宅／建築業界の従事者等から、2,000を超える仮説を収集しました。表1は、回答

者の基本属性（職業など）を示しています。

② アンケート結果分析方法

下記のようなテキストマイニングを行い、健康増進に関するイメージやキーワードを抽出しました。

(1) 形態素解析による頻出キーワード抽出

形態素解析とは、自然言語処理の基礎技術のひとつです。文章を意味のある単語に区切り、それぞれの品詞を判別します[*1]。

(2) キーグラフ

テキストデータに含まれる単語の出現頻度や関係性の強さについて、ノードとリンクによるネットワーク図を作成することで可視化し、そこから何らかの有用な手がかりを得ようとする手法です[*2]。

③ アンケート結果

収集した仮説は、主に「○○を使うと元気になれるのでは？」という"物の使用"に関するタイプ、「△△をすると健康によい」という"行動"に関するタイプに分類されました。

---

*1 http://mecab.sourceforge.net/ 解析にはMeCabを用いた。MeCabとは京都大学情報学研究科―日本電信電話株式会社コミュニケーション科学基礎研究所共同研究ユニットプロジェクトを通じて開発されたオープンソース形態素解析エンジンである。

*2 http://www.chokkan.org/software/polaris/
ここでは、解析にはPolarisを用いた。今回使用していないが、キーグラフについては、紙芝居キーグラフ(仮)のWikiページに詳しく説明されている。
http://web.sfc.keio.ac.jp/~kiichi/kamisibaiwiki/

(1) 頻出キーワード抽出

全仮説の中で出現頻度の多い名詞（30語）・その他の単語（30語）を、表2と表3にまとめました。

表2 出現頻度の高かった名詞（30語）

名詞	数				
健康	404	窓	57	テレビ	42
部屋	178	朝	57	睡眠	42
体	166	運動	56	植物	42
家	128	時間	54	自然	40
ストレス	94	目	53	階段	39
風呂	91	水	52	緑	39
リラックス	78	温度	48	住宅	39
効果	77	光	48	空間	38
人	71	空気	47	解消	37
生活	66	室内	43	床	37

表3 出現頻度の高かった名詞以外の単語（30語）

名詞	数				
良い	640	置く	48	つける	29
寝る	119	悪い	45	過ぎる	29
できる	110	多い	41	高い	28
使う	85	住む	38	飼う	26
作る	63	飲む	37	落ち着く	26
よく	63	取る	35	本当に	25
食べる	63	出る	33	感じる	25
入る	53	取り入れる	31	明るい	24
見る	51	起きる	30	開ける	24
浴びる	50	癒す	30	取れる	24

「健康」「部屋」「体」「家」「ストレス」など、質問から直接連想されるような単語以外の名詞では、「風呂、入浴、全身浴、半身浴」「テレビ」「エアコン、冷房、暖房、床暖房」「ベッド、睡眠」「照明」「日光」「トイレ」「床、フローリング」「ペット」「マイナスイオン」「加湿器、除湿器」「アレルギー」「タバコ」「ゲーム、Wii（テレビゲーム）、DS（ミニテレビゲーム）」「ウォシュレット」「団欒」「アロマテラピー、アロマオイル」などの行為・行動、場所、体質、精神衛生に関する単語が、複数回登場しました。

食事・入浴・睡眠に関する単語が多く見られ、また、落ち着く・癒すなどの単語が多く、住宅ではリラックス・休息を求める要求が高いことがわかりました。

図1 属性別の単語出現頻度割合

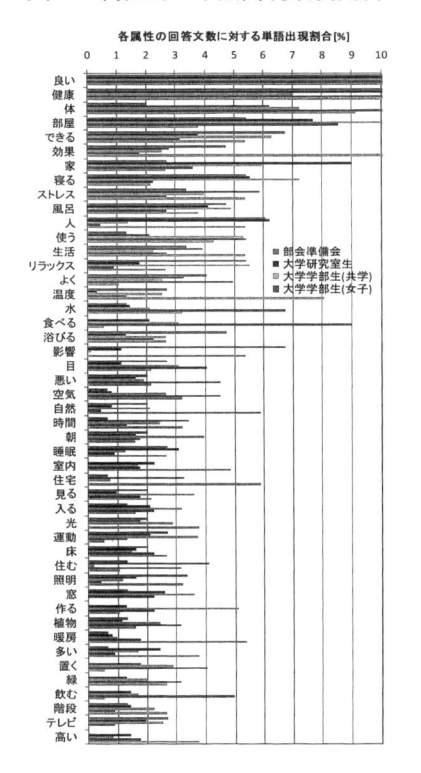

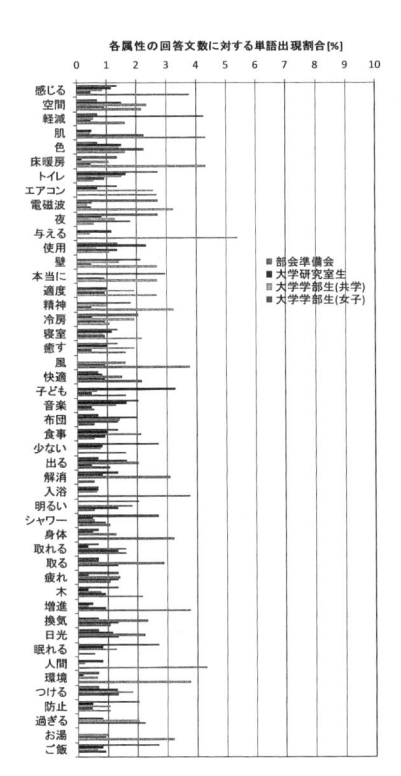

属性間平均1％以上の頻出単語について単語出現割合を、属性ごとに示したのが図1です。単語出現頻度割合とは、各属性の回答文章数に対するある単語出現割合（％）です。

ここでも、「健康」や「住宅」そのものに関する単語、「人体」に関する単語が多く見られます。それから、「睡眠」や「食事」といった生理的欲求や、「ストレス」・「リラックス」・「疲れ」といった精神的な安全への欲求に関する単語が、比較的高い割合であることがわかりました。

物理的な安全への欲求や、社会的欲求、自我欲求、自己実現欲求についてはあまり見られません。住宅は自己を高める場として

は考えていない可能性があります。

なお、部会準備会、大学研究室生、大学学部生（共学）では、リラクゼーションに関するキーワードの頻度割合が高く、大学学部生（女子）では美容に関する意識の高さが見られ、企業所属の多い部会委員では、入浴や設備機器に関する意識が高いといった違いが見られました。

(2) キーグラフ

属性別にキーグラフを作成しました。ここでは、回答数の最も多い大学学部生（共学）と、建築に関する研究者・住宅供給企業に勤務する人などで構成されている部会委員の回答について、示します。

■ 大学学部生（共学）
図2　キーグラフ（大学学部生（共学））

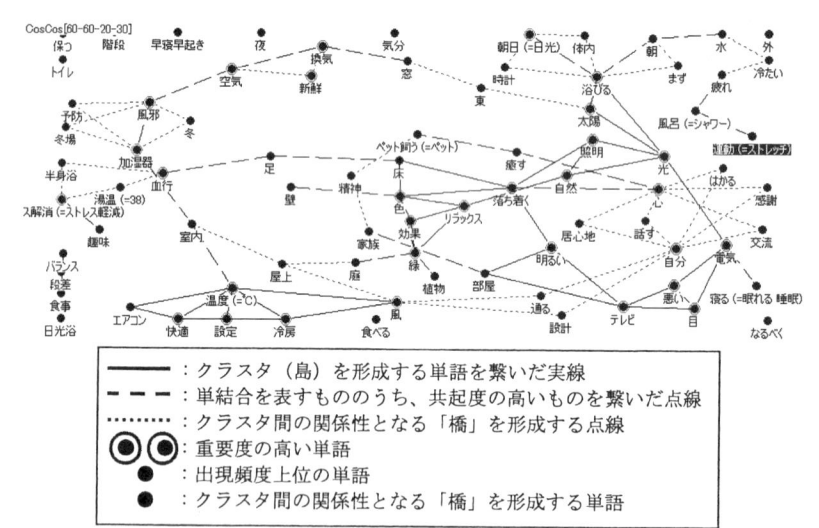

「体調」に関するキーワードである「リラックス」・「緑」など、人体に関する意識が高いようです。「朝日」、「太陽」、「浴び

る」、「自然」、「光」、「照明」、「明るい」といった光環境や起床時に関するキーワードの頻度も高く、また、「テレビ」、「電気」、「目」、「悪い」といった、テレビ視聴環境に関するキーワードも抽出されています。

　「自分」を中心に対人関係などに関するキーワードや、「緑」、「効果」、「リラックス」、「落ち着く」といった精神的なキーワードが、「心」というキーワードに接続しています。「エアコン」、「冷房」、「風」、「快適」、「温度」、「設定」といった空調環境や、「空気」、「換気」、「風邪」、「加湿器」といった空気環境に関するキーワード、「血行」、「ストレス解消」を中心に入浴に関するキーワードも抽出されています。頻度割合が高い「家族」、「起きる」は、それぞれ「緑」や「精神」と関連が強いことが示されています。

■ 部会委員

図3　キーグラフ（部会委員）

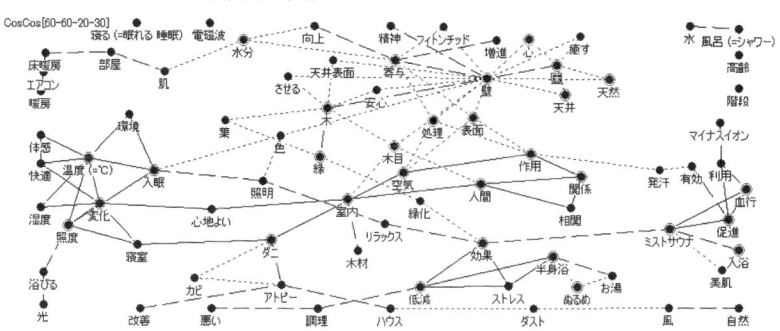

温度・建材・機器に関するキーワード、および、「アトピー」

など健康に関するキーワードが頻出しています。

「室内」、「床」、「壁」、「天井」を中心に、「天然」、「木目」、「木」、「表面」、「処理」、「水分」など、素材に関するキーワードが多く出現しており、そこに「心」、「癒す」など心理的効果に関する単語が接続しています。また、「入浴」、「半身浴」、「ぬるめ」、「ミストサウナ」、「血行」、「促進」など、入浴に関するキーワードに、「効果」、「低減」など、その作用を示す語がついて抽出されています。「温度」、「照度」、「変化」、「入眠」、「ダニ」など、室内環境に関するキーワードや、「人間」、「関係」など対人関係に関するキーワードも見られます。

頻度割合の高かった「ミストサウナ」や「半身浴」は、「血行」・「効果」・「ストレス」などと接続しています。

まとめ

住宅における健康維持増進に関するアンケートを実施したところ、住宅に対する生理的欲求や、精神的な安全への欲求に関する単語が比較的高い割合となっていました。一方で、住宅を自己を高める場とする回答は少ない結果となりました。また、回答者の属性による健康維持・増進に対するキーワードの違いを示しました。

3 健康増進における住宅の役割に関する生活者の認識
－健康維持増進住宅に関するインターネット・アンケート－

㈱野村総合研究所 社会システムコンサルティング部
環境・資源コンサルティング室 副主任コンサルタント　水石　仁

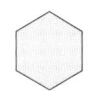

はじめに

　健康増進における住宅の役割や住宅への期待に関する生活者の認識を把握するために、2009年1月24日～27日に、あらかじめ会員登録している一般生活者を対象に、インターネット・アンケート調査を実施しました。回収サンプル数は3,000、20～30代、40～50代、60代以上の男・女が、それぞれ500サンプルずつとなるよう抽出しました。この調査結果の分析を、本稿では紹介いたします。

1　健康増進のために住宅が果たす役割の重要性

　健康増進のために住宅が果たす役割の重要性について質問したところ、全体の2割強が健康増進のために住宅が果たす役割は「とても重要である」、6割強が「まあ重要である」と回答しており、合わせて85％以上の人が、住宅の果たす役割は重要であると認識しています。自身の健康増進への関心が高いほど、健康増進のために住宅が果たす役割は大きいと感じており、自身の健康増進に「とても関心がある」と回答した人の約95％が、健康増進のために住宅が果たす役割は重要であると回答しています。

図1　健康増進のために住宅が果たす役割の重要性

N=3,000
22.7%　63.0%
合計: 85.7%

とても重要である　　まあ重要である　　あまり重要でない　　重要でない

図2　自身の健康増進への関心度と健康増進のために住宅が果たす役割の重要性との関係

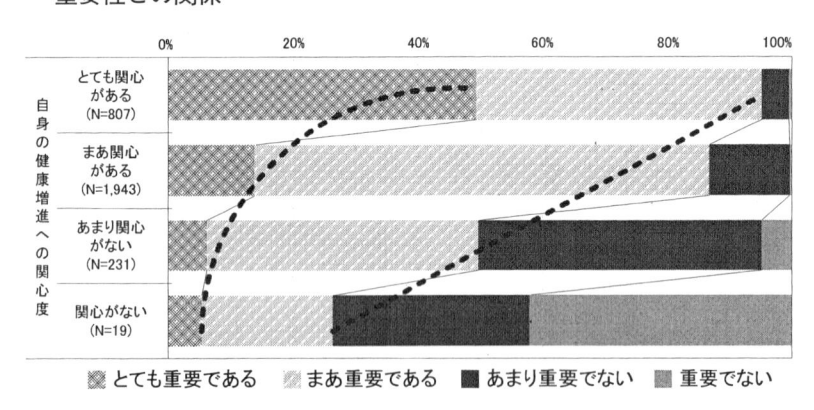

自身の健康増進への関心度
- とても関心がある (N=807)
- まあ関心がある (N=1,943)
- あまり関心がない (N=231)
- 関心がない (N=19)

とても重要である　　まあ重要である　　あまり重要でない　　重要でない

　健康増進のために住宅が果たす役割が重要と考える理由としては、「家族や自身が住宅で過ごす時間が長いから」という回答が最も多く（50％超）、次に多いのは、「日常的に無意識のうちに効果を得られそうだから」という回答です（30％強）。一方、重要でないと考える理由としては、「健康増進は心がけ次第で、住宅とは関係ないから」という回答が最多でした（約65％）。

図3　重要と考える理由／重要でないと考える理由

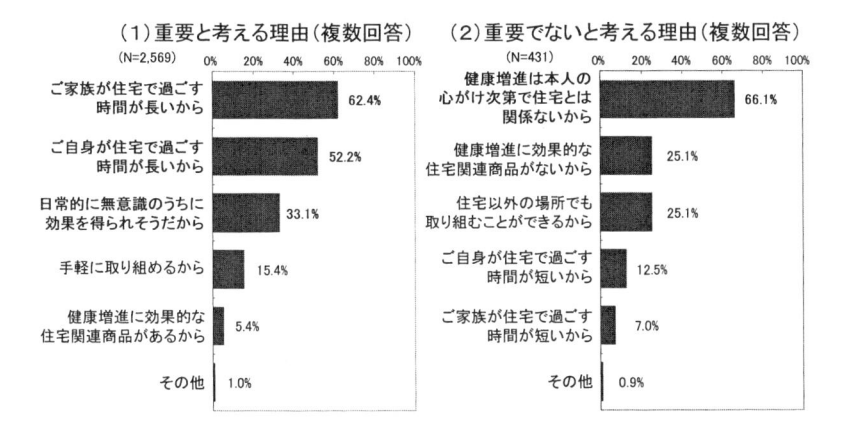

(1) 重要と考える理由（複数回答）（N=2,569）

- ご家族が住宅で過ごす時間が長いから　62.4%
- ご自身が住宅で過ごす時間が長いから　52.2%
- 日常的に無意識のうちに効果を得られそうだから　33.1%
- 手軽に取り組めるから　15.4%
- 健康増進に効果的な住宅関連商品があるから　5.4%
- その他　1.0%

(2) 重要でないと考える理由（複数回答）（N=431）

- 健康増進は本人の心がけ次第で住宅とは関係ないから　66.1%
- 健康増進に効果的な住宅関連商品がないから　25.1%
- 住宅以外の場所でも取り組むことができるから　25.1%
- ご自身が住宅で過ごす時間が短いから　12.5%
- ご家族が住宅で過ごす時間が短いから　7.0%
- その他　0.9%

② 健康増進のための住宅関連対策の実施経験

　健康増進のための住宅対策の実施経験の有無について聞いたところ、健康増進のために住宅の果たす役割について、85％以上の人が重要と認識していました。しかし、これまでに対策を実施した人は、3割弱に留まっています。健康増進への関心度が高いほど対策を実施した人が多く、自身の健康増進について「とても関心がある」と回答した人の約4割が、実施経験者でした。

図4 健康増進のための住宅関連対策の実施経験の有無

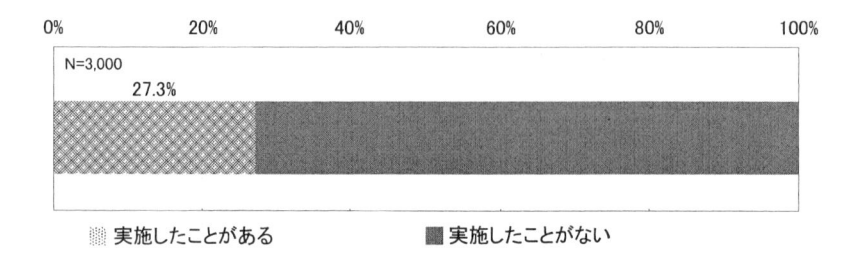

図5 自身の健康増進への関心度と健康増進のための住宅関連対策の実施経験との関係

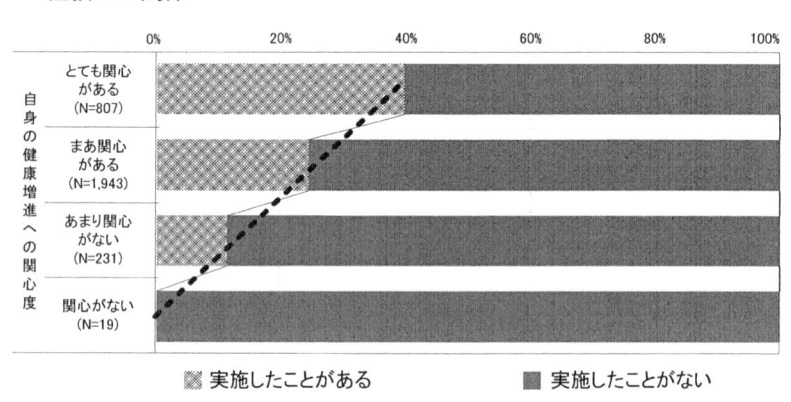

　健康増進のための住宅対策を実施したことがない理由として最も多いのは、「経済的な余裕がない」であり（5割弱）、次いで「どんな対策があるのか知らない」という回答です（約35%）。「必要性を感じていない」という回答は全体の2割程度であり、必要性は感じているものの、経済的な理由や情報の不足により実施に至っていないのが実状といえます。

図6 対策を実施したことがない理由

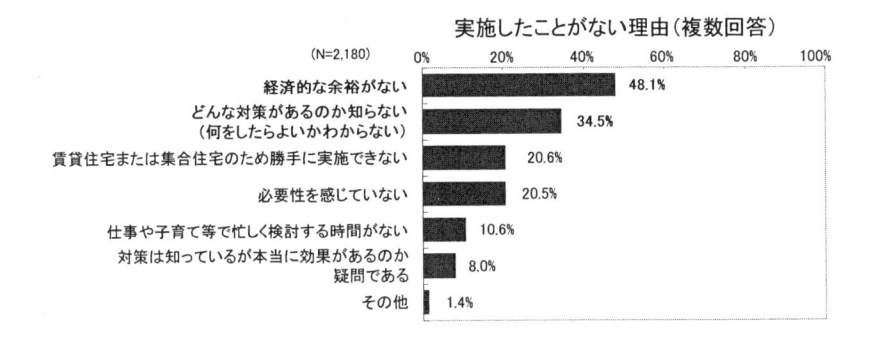

実施したことがない理由（複数回答）
(N=2,180)

- 経済的な余裕がない　48.1%
- どんな対策があるのか知らない（何をしたらよいかわからない）　34.5%
- 賃貸住宅または集合住宅のため勝手に実施できない　20.6%
- 必要性を感じていない　20.5%
- 仕事や子育て等で忙しく検討する時間がない　10.6%
- 対策は知っているが本当に効果があるのか疑問である　8.0%
- その他　1.4%

③ 健康維持増進住宅の実現・普及に向けて

(1) 健康増進に関する住宅への期待と実施されている対策とのギャップの解消

健康増進のために住宅に期待する事項と健康増進のために実施した対策の内容を比較すると、住宅に期待する事項としては、「有害物質を出さない」ことや「室内で快適に過ごせる」ことへのニーズが大きいのに対して、実際に実施した対策としては、「手すりまたは格子の設置」や「段差の解消」が多くなっています。このことから、ニーズの実現にあたって、コストの問題や情報不足といった障壁が存在していると考えられます。今後は、この障壁を解消するための経済的インセンティブの付与や情報提供のあり方について検討することが重要と考えらます。

図7　健康増進に関する住宅への期待と実施されている対策とのギャップ

健康増進のために住宅に期待する事項 （回答上位5項目）		健康増進のために実施した対策 （回答上位5項目）	
（N=3,000）※3つまで回答可	回答率	（N=3,000）※いくつでも回答可	回答率
1）有害物質を出さない	45.0%	1）手すりまたは格子の設置	14.6%
2）室内で快適に過ごせる	43.4%	2）段差の解消	11.0%
3）防犯・防災の面で安心して暮らせる	41.8%	3）換気の確保	10.2%
4）住宅内での事故を起こさない	35.4%	4）遮光カーテンの設置	9.0%
5）ぐっすり眠れる	33.3%	5）植物の栽培・家庭菜園	9.0%

（中央に「ギャップ」の矢印）

(2) 健康維持増進対策と環境対策との相互連携

　環境意識と自身の健康増進への関心度との関係を見ると、環境意識が高いほど自身の健康増進への関心度も高く、環境配慮のための行動に「とても意識して取り組んでいる」と回答した人の6割強が、自身の健康増進について「とても関心がある」と回答しています。環境意識と健康増進への関心度とは相関が大きく、これらの対策の親和性が高いと考えられることから、住宅における健康維持増進対策と環境対策との連携による相乗効果が期待されます。

図8　環境意識と自身の健康増進への関心度との関係

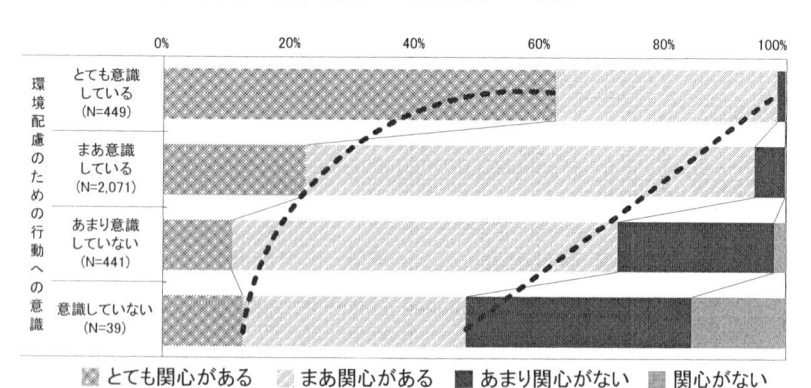

（環境配慮のための行動への意識）
- とても意識している（N=449）
- まあ意識している（N=2,071）
- あまり意識していない（N=441）
- 意識していない（N=39）

凡例：とても関心がある／まあ関心がある／あまり関心がない／関心がない

④ 心と体に優しい木材・建材

東京大学大学院農学生命科学研究科 准教授　信田　聡

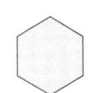

はじめに

住宅には、構造材料・内装外装材料・家具・建具などに木材・木質建材が多く使われていて、これらに接する機会は多いものです。しかし、木材・木質建材が健康増進にどのようにかかわっているかについては、十分には科学的な評価はなされていません。木材の健康増進への寄与について、どのように評価すべきか、また、現在どのようなことがわかっているか、について概説します。

1　木材の健康増進効果をどのように評価するか？

木材は、実は、建築材料の中では特別な存在で、自然材料とも呼ばれ、植物として生命活動を行っていた経歴を持つ生物材料です。このことは、同じく生命を持っている人間の健康にとって特別な意味を持つのではないでしょうか。材料自体が人間の健康増進へ寄与することは何か、という課題への解答は難しいですが、"人間の五感に積極的に良い影響を及ぼすかどうか？"という切り口で考えていくことが、木材を始め材料の健康増進への寄与を評価する一つの糸口となると思います。すなわち、材料が人に与

える影響として、「心地よい」とか「ストレスを与えない」などが挙げられ、これが健康増進につながると考えたいのです。

② 木材の健康増進への寄与

　筆者は、大学1、2年生向けの住環境関係講義の中で、「木材はどのような製品に使ったらよいか？」というアンケートを、4年間続けてとったことがあります[1]。約1100を超える回答を得ましたが、分類してみると、人間の手足が直接触れるような製品や設備への使用を意識している回答が多く見られました。これは、人間の五感との関係でいえば、"触覚"に関係することです。

　櫻川さんたちは[2]、アルミ、アクリル、木材に接触したときのストレスの生理的指標としての収縮期血圧の推移を調べましたが、木材は常温（20℃）および冷却時（5℃）でも血圧の上昇（ストレス上昇）がみられない、という結果を得ています。つまり、木材は、アルミ（金属）やアクリル（プラスチック）といった材料と比べて、温度変動があってもストレスを与えない材料であるといえます。

　また、前述のアンケート結果で興味ある回答としては、校舎、病院、刑務所、老人ホームなどの建物に木材を使うことで、情緒的安定効果、心への優しさを期待する用途が指摘されています。このことは、現在、多くのこのような施設の内装仕上げに木材が利用されていることからも、木材の心への優しさ効果への期待があることはあきらかです。

　2009年6月の健康増進住宅欧州調査においても、オランダの浄水場跡地開発（GWL）の集合住宅1階部分では、ウエスタンレッドシーダー材が下見板張りされており、そこには精神的にハンディキャップをもった人たちが入居しているという説明を、その場にいたデルフト工科大学のキース・ダウフェステイン教授から

受けました。これも、木の持つ心への優しさを意識しての使い方のように思われました。

健康増進住宅への木材の寄与は、木材の人間の五感に対するプラス影響は何かという具体的な評価例、科学的エビデンスが集積されることで、形が見えてきます。その一例として、2009年にまとめられた日本木材学会第10期研究分科会報告書第３分科会「木とひとの感性・生理応答」（代表：末吉修三）の宮崎氏[3]および末吉氏[4]の報告から抜粋し、表１にまとめました。

表１　木材の人間の五感へのプラス影響例

五感	具体的実験	人間へのプラス影響
嗅覚	木材の香り成分の吸入	主観的に快適な濃度のスギ、ヒバ、タイワンヒノキなどの木材の香り成分およびフィトンチッド成分（αーピネン、リモネン）の吸入は、交感神経活動を抑制し、鎮静的状態をもたらし、生体をリラックスさせる。
触覚	無塗装スギフローリングへの足裏接触	無塗装およびオイルフィニッシュのスギフローリングに触れた場合は、主観的な緊張感、抑うつ感、疲労感は減じ、生理的にも生体に優しい影響を及ぼす。
視覚	木材率が異なる部屋の視覚的評価	住宅内装で木材が使われる面積割合（木材率）は30％が平均であるが、木材率が45％の部屋が主観評価では好まれた。このとき、生理的には交感神経活動は昂進し、"わくわくする"覚醒的状態となった。
味覚	スギ樽貯蔵ウィスキーの味	木材と味覚とは直接的な関係は少ないが、例えばモルトウィスキーにスギ樽貯蔵したウィスキーをブレンドしたウィスキーの味覚がもたらす生体影響として、スギ樽貯蔵由来の抽出物によると思われる交換神経活動の昂進の抑制、および脳前頭前野活動の抑制が見られた。

| 聴覚 | 木質構造の床衝撃音の心理音響評価 | 木造モデル床で、JIS の床衝撃音遮断性能評価と心理音響評価を比較した。床衝撃音レベルによっては、床衝撃音遮断性能の単一評価指標として、心理音響評価の非定常ラウドネスの方が JIS の最大特性床衝撃音レベルよりも感度良く評価できるとした。 |

③ 望まれる健康増進評価法

　木材が人間にとって"快適であること"、"ストレスを与えないこと"、などの評価は、感覚ごとに主観的評価方法、生理的測定方法の、単独または組み合わせで試みられています。今後、"健康増進を評価できる総合的概念"に基づく総合的指標、評価法の提案が望まれます。

参考文献

1) 信田　聡：日本木材学会第10期研究分科会報告書第3分科会「木とひとの感性・生理応答」, Ⅲ46－Ⅲ48（2009）.
2) Sakuragawa S, Kaneko T, et al : Effect of contact with wood on blood pressure and subjective evaluation, J. Wood Sci. 54(2), 107-113 (2008).
3) 宮崎良文：日本木材学会第10期研究分科会報告書第3分科会「木とひとの感性・生理応答」, Ⅲ103－Ⅲ105（2009）.
4) 末吉修三：日本木材学会第10期研究分科会報告書第3分科会「木とひとの感性・生理応答」, Ⅲ69－Ⅲ70（2009）.

5 浴室のリラックス・リフレッシュ効果

関東学院大学工学部建築学科 教授　大塚 雅之

1　健康増進に必要な入浴

　日常の浴室での入浴は、体を温め血行を促進させる、精神的にもリラックスさせる、などの効果があります。また、朝の入浴は、眼が覚めリフレッシュ効果が高くなります。

　最近では、冷え症や血行不良による肩こり、腰痛などを訴える人も増加しています。これらは、ホルモンバランスに関連する自律神経の失調や、低血圧・貧血・動脈硬化による血流の悪化以外に、特に、夏季の冷房や、生活スタイル・着衣・食生活の変化や、運動不足などに伴う体温調節機能の低下なども、要因の一つに挙げられています。これらを解消、緩和し、健康状態を維持、増進させるためにも、家庭での入浴は、大切なものになってきています。

　入浴の方法には、湯船につかる浴槽浴、シャワーを用いたシャワー浴などがありますが、最近では、浴室内に温水を噴霧しサウナ感覚に浸るミスト浴なども、それらに併用され、楽しまれています。既往の研究成果[1]によれば、浴槽浴では、37～39℃のぬるめの湯に15～20分程度つかることで体の芯まで温まり、副交感神経が優位に働き、ストレスを低減させる効果があること、シャワー入浴では、40～42℃程度の湯を浴びることで交感神経を刺激し、目覚めを良くする効果などがあることが報告されています。

私たちも、日常生活で、もう一度入浴のあり方を見直し、健康状態や気分に応じた入浴方法を選択し、健康増進と健康維持につなげることが必要です（図1）。

図1　入浴温度と効果

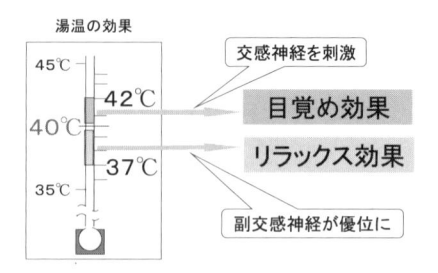

出所：東京ガス都市生活研究所

② 健康と美容によい入浴の方法とは

(1) 半身浴で血行促進を

最近の研究成果から、浴槽浴の中でも、みぞおちの辺りまでお湯につかる半身浴が血行促進効果が高いことがわかってきています。水圧を受けにくく、心臓への負担も少なく、ぬるま湯であれば、通常の全身浴に比べ長く浴槽につかることができ、抹消血管の拡張に効果があるためです。浴槽が深い場合や、家族がいて自分のためだけに浴槽の水位を調節できない場合は、洗い場の椅子を湯船に沈め、その上に座ることで半身浴ができます。

半身浴の効果を、シャワー入浴や浴槽での全身入浴での血流量で比較すると、シャワー入浴の3倍、全身入浴の2倍の効果があるこ

図2　各種入浴法と血流量の比較

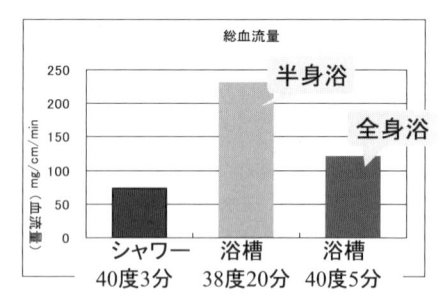

	湯温	入浴時間
シャワー	40°	3分
半身浴	38°	20分
全身浴	40°	5分

出所：東京ガス都市生活研究所

とが、実験的にわかっています（図2）。

また、ストレスの減少度も全身入浴の4倍に改善されること、その時の入浴姿勢においても、広い浴槽で寝浴した方が、小さな浴槽での普通浴に比べ、α波の発生が高いことなども報告されています（図3）。

秋口から冬にかけて継続的に半身浴を実践し、皮膚温上昇を促すことで、環境温度の変化に対し、抹消血管の拡張、収縮機能が改善でき、女性特有の冷え性の緩和に繋がる可能性があることも示唆されています[2][3]。

図3　バスタブ入浴法とα波の発生比較

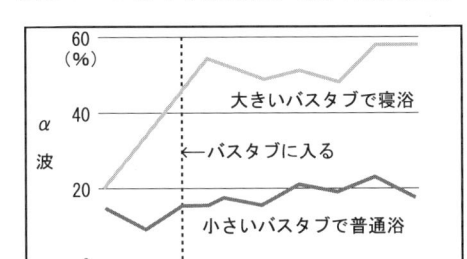

出所：北海道大学　阿岸祐幸氏による

(2) ミストによる発汗作用の促進を

血行促進効果のある一般のサウナは、室温90℃、湿度10～15％のドライサウナを言いますが、一般住宅の浴室内に温水をミスト状に噴霧する、浴室ミストサウナが普及しはじめています。これは、浴室内の室温を40℃よりやや高い程度に保ち、入浴時の負担を減らし、湿度も80～100％と湿潤に保つことで肌の乾燥を防ぐもので、全身入浴に比べ、発汗作用を促進

図4　通常入浴とミストサウナによる発汗量の比較

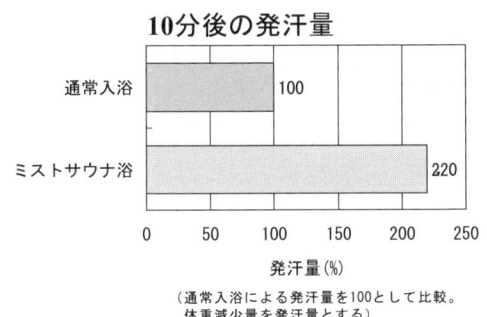

10分後の発汗量

通常入浴　100
ミストサウナ浴　220

（通常入浴による発汗量を100として比較。体重減少量を発汗量とする）

出所：大阪ガス㈱エネルギー技術研究所

させ、血行を良くし肩や首の筋肉をほぐす効果も期待できます（図4）。

先に述べた半身浴とこのミストサウナを組み合わせることで、さらに効果は促進されます。

このような機器設備を用いた入浴方法のほかに、菖蒲湯などの植物湯も血液の循環促進に効果があり、体の芯から温め疲労回復にも効果的ですし、気持ちをリラックスさせる効果もあります。また、入浴時間を利用した読書やストレッチなどもリフレッシュ効果があり、併用するのも、ライフスタイルに変化を加えた健康増進の方法といえます。

③ 安全入浴のポイント
～ヒートショックを防ぐ～

入浴は、寒い冬に冷えきった体を温め、疲労回復にも効果はありますが、高齢者や心臓疾患を抱える方々には、入浴中の事故死に繋がる危険性があるので、注意したいものです。東京都の例では、外気温変化と入浴中の事故死の関係からわかるように、外気温の低い12～2月にかけての事故発生数は、夏期の10倍近くにも達します（図5）。

図5　入浴中の事故発生数の例（東京都）

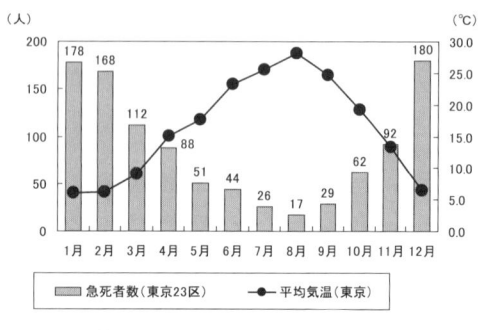

（棒グラフ：急死者数（東京23区）　1月 178、2月 168、3月 112、4月 88、5月 51、6月 44、7月 26、8月 17、9月 29、10月 62、11月 92、12月 180）
（折れ線：平均気温（東京））

出所：東京都監察医務院調査・気象庁資料より

その要因の一つに、入浴行為中の血圧の急激な変化が指摘できます。入浴前の脱衣行為から、低温の浴室に入り体を洗うまでの間に、急激な温度差があるため、血圧が急激に上昇することや、

湯に浸かることにより急激に上昇した血圧が下がっていく、その変動差が大きいことにより、心疾患や脳血管障害を起こす危険性があります。この住宅内の温度差による健康障害をヒートショック

図6　浴室温の違いによる入浴時の血圧変化

出所：九州大学　栃原裕氏による

といいます。また、入浴が終わり、体が温まり血圧が低下した状態から、室温の低いユーティリティスペースなどで着衣を行う間に、血圧が再び上昇し、事故につながる危険性があります（図6）。

　入浴時の湯温の設定は、各人で違いますが、入浴時の湯温が高いと血圧の変化も大きくなり、これもまた、事故に繋がる危険な要因となります。

　これらの事故を防ぐために、浴室とそれに隣接したユーティリティスペースの暖房について配慮する必要があります。参考までに、浴室への暖房設備の普及率は、ヨーロッパでは高いのに対し、わが国では非常に低いことも課題とされます（図7）。

　浴室に暖房設備がない場

図7　浴室暖房設備の普及率の比較

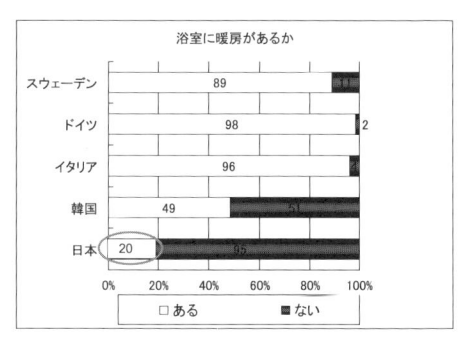

日本2005年、他国1992年
出所：東京ガス都市生活研究所

第3章　これからの住まいと健康

103

合には、高所からのシャワーによって浴槽へ給湯を行うことで、浴室の温度は上昇し、ヒートショックの防止につながるものと考えられます。また、沸かし直し時には浴槽のふたをしないこと、洗い場にまき湯をすること、お風呂の湯はぬるめにすることなどに留意することが大切です。

参考文献

1) 興梠真紀他；しあわせバスタイムレシピ（ガスエネルギー新聞）
2) 齋藤輝幸他；半身浴による冷え性緩和効果に関する研究，その1，冷え性の実態と被験者の選定，日本建築学会大会講演梗概集D-1, pp.751〜752, 2003.9.
3) 河原ゆう子他；半身浴による冷え性緩和効果に関する研究，その2，半身浴とシャワー浴による冷え性緩和効果の比較，日本建築学会大会講演梗概集D-1, pp.753〜754, 2003.9.

6 健康な住まいのための冷暖房

―高気密・高断熱住宅の普及における最新の冷暖房機器の紹介―

芝浦工業大学工学部建築工学科 教授　秋元 孝之

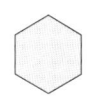

はじめに

　日本には四季があり、地域によって気候風土が異なります。快適・健康に過ごすためには、温湿度や気流といった要素だけでなく、居住者の好み等を総合的に考える必要があります。

　温熱環境は住宅の断熱性能にも左右されるため、住まいの考え方も大事です。冷暖房機器を導入すればそれでよいというわけではなく、地域特性や居住者のニーズにあった方式を正しく選び用いることで、健康な住まいのための冷暖房を実現することが望ましいのです。

　例えば、最新のエアコンは、調湿・空気清浄等といった機能に加え、居住者の動きを自動的に感知し、快適かつ効率よく気流を送る機種も登場してきています。ヒートポンプ技術により、省エネだけでなく、一年を通して夏は冷房、冬は暖房、春は空気清浄、梅雨時には除湿と、一台何役もこなす点も特徴です。一方、床暖房に代表される放射型冷暖房は、気流がないがため埃が立ちにくく、ハウスダストに起因する喘息などの危険性が少なくなります。また、床面接触による快適性も評価されます。

　本稿では、こうした健康な住まいの冷暖房を実現するための原則や、冷房および暖房の考え方、具体的な手法について解説していくことにします。

① 健康な住まいの基本原則

　健康な住まいの基本原則として、住宅を、省エネルギー基準に準拠した高気密・高断熱住宅にすることがあげられます。

　高気密・高断熱住宅は、冬でも熱が逃げにくく、夏は快適で省エネルギーな空間を実現できます。また室内の温度差が均一になりやすく快適性に優れることや、住宅全体でも部屋ごとの温度差が小さくなることから、ヒートショック等の健康性に対しても、望ましいのです。

　一方、従来の住宅に比べ、計画的な換気、結露、室内の空気質には、今まで以上の配慮が必要になります。室内では燃焼を抑えることが望ましく、暖房は、開放式燃焼器具ではないものを用いることが基本となります。

　居住者にとって、高気密・高断熱住宅であるかどうかは判断しにくいのですが、冷暖房の快適性、省エネ性にとっては重要であり、住宅性能評価書といった指標で判断できるため、それを参考にされることをすすめます。

(1) 健康な住まいのための冷房の考え方

　夏の室内を爽やかに保つには、室内の熱気を速やかに排出し、建物を低温に保つ工夫が鍵となります。外気の取り入れにより適度な通風が得られる場合には、快適・健康・省エネの観点からも、自然の気流を取り入れることが望ましいでしょう。通風による冷却の限界を越えればエアコンの冷房に頼り、暑さを我慢しないことが大事です。冷房に関しては否定的な意見を聞かれることがありましたが、冷房をつけないことによる睡眠不良や食欲減退など、体調不良を感じる人もおり、特に高齢者など温度に鈍感になっている人には、冷房を上手に使う重要性も指摘されていま

す。

　冷えすぎや気流感による不快は望ましくありませんが、最近のエアコンでは、季節に応じた気流制御や人感センサーによる風向制御により、冷え過ぎや乾燥の防止、温度むらの解消、気流感の調整等も可能になってきています。冷房・除湿機能使用後に、カビ発生防止のためにルームエアコン内部の乾燥に留意することや、フィルターの清掃をこまめに行うことにも注意したいものです。

　日本の気候風土や個々人に応じた通風・冷房設備をバランスよく用いることが、健康な住まいにとって大事なのです。

(2) 健康な住まいのための暖房の考え方

　住まいを暖房する際は、「部屋の中の温度を均一にする」ことが大事です。囲炉裏や炬燵など、部屋の中の一部分だけを暖かい状態にすると、1か所に留まることが多くなり、住宅の中における運動量が低下してしまいます。したがって、暖房する部屋に見合った能力を持つ暖房設備を導入し、部屋の中の温度を均一にするのがよいのです。

　居間や食堂の暖房だけでなく、居住者それぞれの個室の暖房手段を整えることも重要です。就寝する時間を含めると、居間よりも多くの時間を個室で過ごすことになるからです。冬期に暖房を考えないと、個室の温度は10℃を下回ることもあり、夜中にトイレに行くときに、布団の中と室温の温度差により身体に影響を与えることが考えられます。

　また、窓などの近傍は、窓面で冷やされた空気が床面に移動する、コールドドラフトという現象が発生します。コールドドラフトの対応策として、窓の下部に暖房設備を設置するとともに、ソファ等の家具の配置を工夫して、在室時には窓の近傍にいないようにしましょう。

健康な住まいの理想的な暖房は、「住宅内はどこでも同じ温度である」ということになります。居間、食堂、個室だけでなく、廊下や脱衣所、トイレ、浴室なども、温度差をなるべく生じさせないよう、それぞれの場所における暖房手段を検討する必要があります。

② 具体的な冷房機器

対流冷房方式

　住宅で使用される冷房機器のほとんどは、対流式のルームエアコンです。最近のエアコンは、高機能化が進み、健康に関わる付加機能が多く備わっています。人感センサーによる気流制御だけでなく、室温を下げ過ぎないよう、冷却能力をコントロールする弱冷房除湿方式や、冷却除湿した空気を再び暖めて部屋に戻し、室温を変えず除湿する、再熱除湿方式があります。ジメジメして肌寒い梅雨の時期や、冷房の冷えが苦手な人には、再熱除湿方式がおすすめです。

　他、健康に関わる付加機能としては、空気中のウイルスを分解・除去したり、浮遊カビ菌の低減などの空気清浄機能も主流になっています。手間をかけないエアコンフィルターの自動清掃機能などを搭載した機種も増えており、メンテナンスフリー化も、心の余裕へ配慮した機能といえます。さらには、温湿度をコントロールする快眠モードなど、住空間をより快適、健康、便利に過ごせる機能も搭載されてきています。

　最近は、周波数を自由に変えるインバータ回路が組み込まれており、コンプレッサーの回転数を変え、能力を可変させています。これにより効率がさらに向上し、室内温度の変化が少ない、立ち上がりが早いといった特徴もあげられるようになってきまし

た。
　これらは、エアコンの冷房機能だけでなく、暖房機能に関しても共通した特徴ですが、家族が集うリビングのように、年間を通じて長く快適に過ごしたい場所には、冷暖房能力が高く、付加機能が豊富な高性能エアコンを選ぶとよいでしょう。

③　具体的な暖房機器

①　ふく射暖房方式

　床暖房やラジエーターに代表される、ふく射暖房方式は、暖房機器にファンが無く、室内を自然対流で暖める方式で、健康な住まいのための暖房方式として最適な手法です。大きな特長は、室内の温度が、高さ方向も水平方向も均一になり、運転時に音が発生しないことです。床面や壁面、天井からの放射効果により暖かく感じるため、室温が多少低くても暖かく感じ、室内の湿度も高くなるので、のどや肌の渇きが抑えられるという効果があります。さらに、室内に気流が生じないため、埃が舞わないといった利点もあります。
　床暖房は室内に暖房設備が露出していないので、子どもが機器にぶつかって怪我をする心配もありません。室内環境が均一という特長と合わせ、インテリアや居住者毎に異なる好みのレイアウトを制約することがないので、居住者が安心して生活できる空間を実現しやすい暖房方式といえます。

②　対流暖房方式

　ルームエアコンやFF式ストーブ、ファンコイルユニットに代表される対流暖房方式は、さまざまな種類の機器が販売されており、ポピュラーな方式です。暖房機器から暖かい風を吹き出し、

部屋の空気を暖めます。室内に気流があるために、どうしても上下に温度差がつきますが、前述のとおり、断熱性能を高めたり、暖房する部屋の負荷（暖房に必要な熱量）に見合った能力の設備を導入することで、健康に配慮した温熱環境を実現させることができます。負荷は、外気温と住宅の断熱性能により決まります。機器を選定するときは、専門家に相談するとよいでしょう。

　また、対流暖房方式は、どうしてもファンの音が発生します。最新の機器は性能が向上していますが、音が気になるという人は、夜間就寝時の使用は避けたほうがよいでしょう。

7 心の健康を支える ペット・植物

㈱野村総合研究所 社会システムコンサルティング部
環境・資源コンサルティング室 副主任コンサルタント　水石　仁

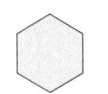

はじめに

　動物や植物とのふれ合いには、ストレスを軽減したり、自然治癒力を向上させたりする効果があることが知られています。近年、これらの効果を、高齢者医療や精神障害治療、あるいは生存意欲の向上に結びつけようという動きが活発化しており、特に、アニマルセラピーやアニマルヒーリング、コンパニオンアニマルの提供といったペット類の活用に、注目が集まっています。

1　増加するペット類の飼育数と求められる飼育のための環境整備

　少子高齢化や核家族化の一側面として、ペットを生活のパートナーとして選択するケースが増加しています。例えば、犬の飼育数はこの30年間で倍増しています（図1）。特に、中高年の世帯における飼育率が高く、世帯主が50歳以上である2人以上世帯の約3割、単身世帯の約1割が、犬を飼育しています（図2）。

　以前は、戸建ての持家でなければペット類を飼育することは難しかったのですが、ペット飼育に対するニーズの高まりに伴い、分譲マンションや、最近では賃貸マンションでも、ペット類の飼育が可能となってきています。ペット共生型のマンションでは、

図1 犬の登録数

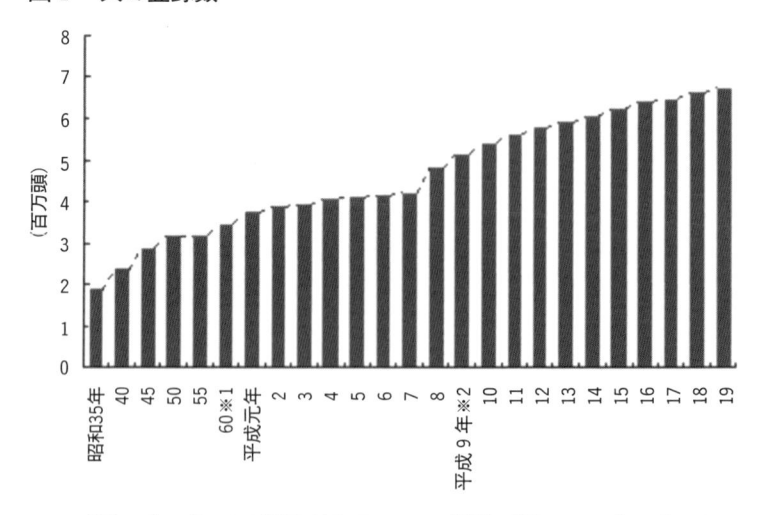

※1：昭和60年4月から予防注射を受けるべき期間が半年から1年に改められたことに伴い、予防注射頭数には従前の制度によるもの（1月～3月）と改正後のもの（4月～12月）が含まれる。
※2：平成9年度から、年度単位の集計となった。
出所）厚生労働省「犬の登録頭数と予防注射頭数等の年次別推移」より作成

図2 年代別の犬の飼育率

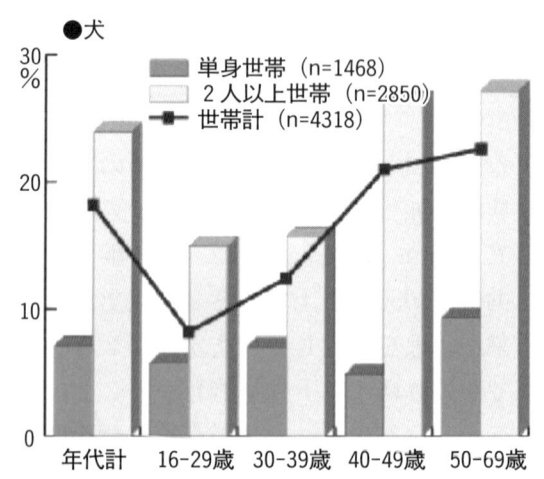

出所）一般社団法人ペットフード協会
　　　「第15回　犬猫飼育率全国調査」（2008年）

ペットの足洗い場や汚物流し、ドッグラン、ドッグフェンス、くぐり扉、猫棚、ペット対応クロス・床材など、ペット類の生態や習性を考慮した設備を備えているところもあります。

　ペット類を飼育している世帯においては、人間の子供同様に愛情を注ぐケースも多く見られます。一方で、ペット類に付着しているノミやダニ、体毛はアレルギーの原因となり、さらに、人間にも感染する寄生虫や細菌による感染症も存在します。ペット類が持つアレルゲンや動物臭、鳴き声などに対する反応は個人差が大きく、愛好家以外には気になる人も多いことから、その飼育方法や環境の整備には十分な注意が求められます。

　高齢社会では、ペット類は、家族の一員としての位置づけがより一層強まるものと考えられます。上述のように、最近の新築住宅ではペット類の飼育が可能な住宅が増えていますが、ペット類の飼育が禁止されていることの多いストック住宅についても、ペット類の飼育が可能となるよう環境の整備を進めていく必要があります。

② 家庭菜園やガーデニングのための環境整備の必要性

　植物とのふれ合いにおいても、集合住宅におけるベランダ・ガーデニングブームや市民農園の活況に見られるように、生活に少しでも自然を取り入れようとする動きが活発化しています。最近では、首都圏郊外において、家庭菜園付きを売りにする分譲マンションも見られます。これらの動きは、自然を排除してきた都市化への反動にも見えますが、人間本来が持つ自然との一体化願望の現われと見る向きもあります。

　住宅における植物の栽培については、集合住宅を中心に、ベランダへの給排水設備の整備や、躯体への影響を防止する防根技術

の開発など、ハード面での取り組みが求められるとともに、屋上緑化や建物外周部等の共有部分の活用など、ソフト面での整備が必要です。また、冬期の乾燥対策として観葉植物を活用する例も見られ、植物の健康増進効果に関する科学的な解明と、社会への普及啓発が重要です。

8 健康を増進する睡眠・身体活動

独立行政法人 産業技術総合研究所
人間福祉医工学研究部門 環境適応研究グループ　都築 和代

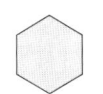

はじめに

　人生の3分の1は寝て過ごす、と言われるように、睡眠は普段の生活の中に占める時間が長い行動であり、健康との関わりが深いものです。

　睡眠が障害されることにより、免疫機能は減弱し、生体防御や生体維持機能が低下します。睡眠障害や睡眠不足は、日中の注意（attention）を強く障害し、その結果、エラーが増加し、重篤な事故につながった例が報告されています。夜間睡眠が分断され、日中に強い眠気が混入する睡眠時呼吸障害の患者では、記憶が障害されます。睡眠の分断や不足がREM睡眠を減少させ、REM睡眠は記憶の固定過程に関与している可能性が高いことからも、記憶障害が睡眠不足に起因することが支持されています。

　日中の状態を比較すると、不眠者には、記憶力・集中力・課題遂行力や人間関係を楽しむ能力に障害が見られます。さらに、睡眠障害は循環器機能に深刻な影響を与え、睡眠時呼吸障害は、高血圧症・右心室肥大・不整脈・多血症などの原因となり、虚血性心疾患や脳血管性痴呆の重要な要因となります。

　ほとんどの睡眠薬には、副作用として記憶障害が存在するなど、認知機能に何らかの悪影響を及ぼすとともに、長期にわたる服用は、健康を障害する可能性も疑われています。そこで、睡眠

障害の治療場面では、認知・行動療法などの睡眠衛生あるいは生活習慣の調整技術が有用な場合が多く、その一つとして、光環境の制御があります。

1 光

　光は、ヒト概日リズム（サーカディアンリズム）の最も強力な調節因子です。睡眠・覚醒、神経内分泌、血圧循環調節、自律神経機能、代謝をはじめとする、あらゆる生体機能には明瞭な日内変動があり、相互に適切な時間関係を保ちながら個体を維持しています。このような多様な生体活動のタイミングを時刻依存的に決定しているのが、視床下部の視交叉上核をマスタークロックとする、概日リズム制御機構です。「概日」と呼ばれる理由は、24時間ちょうどではないからです。光は、日々誤差を生じていく概日リズム位相を、最も効率的に補正するリセッターとして知られています。

　メラトニンは、概日シグナルを伝達する時計ホルモンとして知られており、夜間（暗期）に集中して分泌されます。また、適切な時間帯に投与すると、メラトニンはヒト概日リズム位相シフトや催眠効果を引き起こすため、睡眠リズム障害の治療薬としても頻用されています。加齢によりメラトニン分泌量は減少し、分泌のタイミングが前進しますが、これによって、加齢に伴う睡眠特性の変化、例えば睡眠時間の前倒しや睡眠維持能の低下などに、メラトニンが重要な役目を果たしていると推測されてきました。先天的な内因性メラトニン分泌レベルには個人差がありますが、これまでの調査結果から、睡眠維持障害と同時にメラトニン分泌の減少が比較的急速に現れる高齢者群の存在が明らかになり、この急速低下群では、生理学的用量でのメラトニン補充療法が、メラトニン分泌の減少が乏しい群より高い効果を示しました。

日中の光環境の劣化がメラトニン分泌の急速な減少の重要な要因の一つである可能性が示唆されています。低照度下で生活している施設入所中の高齢者不眠症患者が、日中、補充的に若年者と1000lx程度の高照度光を浴びると、睡眠持続能力が改善されると同時に、若年対照群と同レベルまでメラトニン分泌が増大しました。

　以前ヒトでは2500lx以上の高照度光によってのみ、メラトニン分泌は抑制されると考えられていました。その後、日常生活環境下でも曝露される機会が多い400lxでもメラトニン分泌が抑制されることが明らかになりました。つまり、夜間明るいところに居続けるとメラトニン分泌が遅れるため、入眠が遅延するなど睡眠を阻害する要因となります。

　一方、朝一番の明るい光は、夜間分泌していたメラトニンを抑制するため、眠気覚ましや睡眠－覚醒リズムの調整に有効です。

　つまり、光環境を実用的に利用することは、高齢者に限らず不眠症患者への効果的かつ安全な治療手段であると言えるのです。

② 温熱環境

　日本の気候は四季に富んでいますが、人は室内で、空調機や衣服を調整して快適に過ごします。都市温暖化により、夜間も外気温が25℃以下に低下しない真夏日が続くという近年の現象もあり、温熱環境への対応は、複雑化してきていると言えましょう。

　季節における寝室の温湿度・光環境が睡眠に及ぼす影響を調べるために、健康な高齢男性8名（平均年齢64歳）を対象に、生活場面で、利き手と反対側の手首に3軸の加速度計が入った活動計であるアクチグラフを常時身に着けてもらい、連続測定した結果を解析に用いました。その調査の結果が、次の図と表です。

図　季節による寝室気温、外気温と光環境

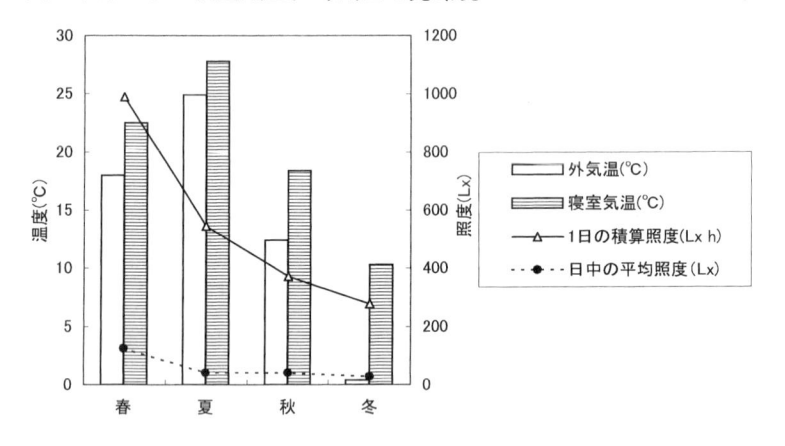

表　季節による睡眠時間や睡眠効率

	春(4/19~5/14)	夏(7/26~8/6)	秋(10/18~10/29)	冬(1/24~2/4)
日の出時刻(h:mm)	4:46	4:43	5:59	6:41
日の入り時刻(h:mm)	18:25	18:46	16:44	17:02
就寝時刻(h:mm)	22:03	22:35	22:35	22:51
起床時刻(h:mm)	5:41^{cd}	5:58^{d}	6:09^{ad}	6:30^{abc}
就床時間(min)	431	444	455	460
覚醒時間(min)	49^{b}	78^{acd}	50^{b}	48^{b}
睡眠時間(min)	382^{d}	366^{cd}	406^{b}	412^{ab}
睡眠効率(%)	88	83^{acd}	89^{b}	89^{b}

a　春と有意差あり、$P<0.05$
b　夏と有意差あり、$P<0.05$
c　秋と有意差あり、$P<0.05$
d　冬と有意差あり、$P<0.05$

　図のほうは、外気温・寝室温度と光環境の実測結果、表のほうは、居住者のアクチグラフから得られた就床時刻・起床時刻・睡眠時間・睡眠時間帯の中途覚醒時間、睡眠効率の実測結果を示しています。
　寝室の気温は外気温に比例しています。0℃近傍の冬であって

も、寝室温度は約10℃であり、気温10℃では快適な寝室温度からはほど遠いのですが、寝具を増やすなどして対応しています。一方、寝室の相対湿度は60％と、どの季節でもほとんど変わりません。夏は外気温が25℃の時、寝室は28℃と高い結果を示しています。

光環境は、春が最も積算照度・平均照度ともに高い結果となり、夏・秋・冬よりも高い値となりましたが、夏、秋と冬の間では差はありませんでした。

アクチグラフの値から算出された就床時刻には、季節による違いは認められません。起床時刻は春・夏のほうが秋・冬より早くなっており、就床時間は春、夏、秋、冬の順に長くなる傾向がありますが、有意な差は認められません。しかし、睡眠時間帯中の中途覚醒時間は夏が最も長くなっており、結果として夏の睡眠時間は最も短く、睡眠効率は最も低くなっています。

アンケートによるトイレ覚醒回数に有意な季節差は認められませんでしたので、夏で最も中途覚醒時間が長かったことは、高温の影響によると推察されます。

北欧での調査では、高齢者ではメラトニンなどのホルモン分泌が低下し、特に日照による日の光が不足する冬に睡眠障害が多いという結果が報告されていますが、日本では、夏の暑さが高齢者の睡眠を阻害している可能性を示しています。

③ 身体活動

身体活動時には、安静時に比べ筋肉で多くのエネルギーが必要となり、呼吸・循環機能の直接的な働きにより、筋活動に必要な酸素が筋肉に供給されます。一方、筋活動により発生した多量の熱は、深部体温を上昇させるので、発生した熱が体外に放散されなければ、深部体温が過度に上昇し、それがパフォーマンスの低

下を引き起こします。つまり、身体活動時には、身体活動を遂行するための呼吸・循環機能と、間接的に関係する体温調節機能が相互に作用するのです。

　身体活動の推進は、生活習慣病の発生を予防する健康づくりの重要な要素です。体力には個人差があり、それによって適正な運動の強さが異なります。生活習慣病予防のためには、何よりも身体活動を継続することが重要であり、まず、無理せず日常生活の中での生活活動量を増やすことから始めていくことが推奨されます。例えば、家事や通学・通勤、そして買い物など、日常生活の中で手軽に行う生活活動などです。

　活発な身体活動を行うと、消費エネルギーが増えて身体機能が活性化することにより、糖や脂質の代謝が活発となり、内臓脂肪の減少が期待されます。その結果、血糖値や脂質や血圧の改善がはかられ、生活習慣病の予防に繋がります。低強度の生活活動としては、洗濯や炊事があり、中強度以上の生活活動としては、床掃除、子供と遊ぶ、介護、庭仕事、洗車、運搬、階段などがあります。

　身体活動の中でも、運動や入浴などが、その後の夜間の睡眠に良い影響を及ぼすことが示されています。運動や入浴などの身体疲労による理由だけでなく、それらの身体活動による体内温の上昇があった場合には、睡眠の中でも深い脳や体の眠りである徐波睡眠が増加し、一方、運動と同時に身体を冷却した場合には、徐波睡眠の増加は観察されませんでした。つまり、身体加熱がその後の睡眠へ影響を及ぼしていると考えられます。

IV コミュニティと健康

(健康コミュニティ推進部会の成果より)

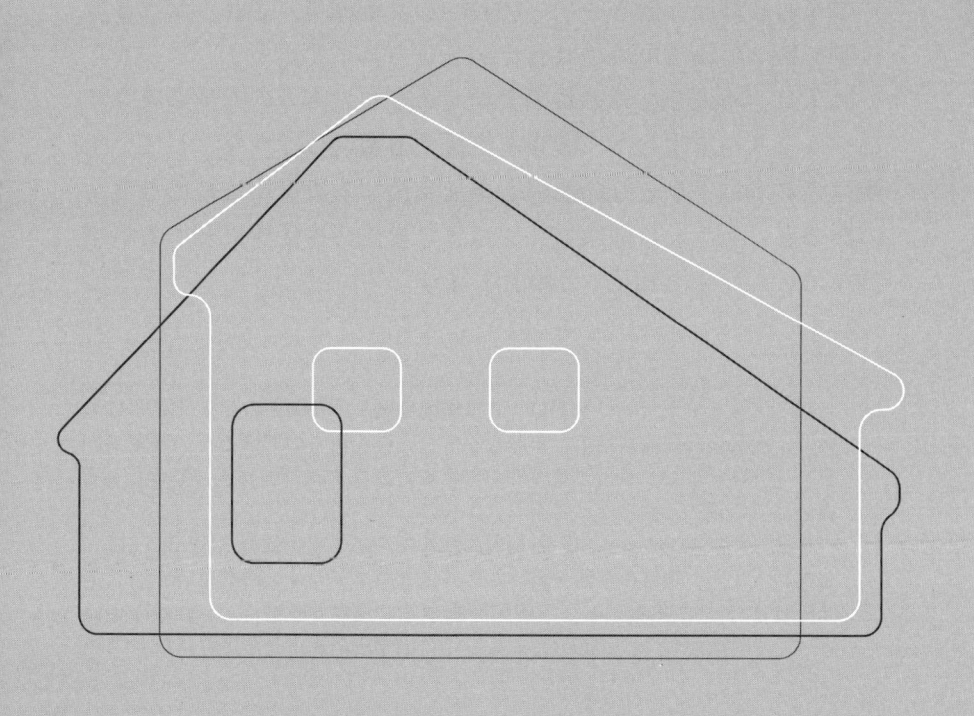

1 健康を創り出す地域コミュニティと住居

首都大学東京 大学院 都市環境学部
都市システム科学専攻 教授　星　旦二

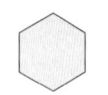

はじめに

　世界的にみた健康づくりの潮流は、「ヘルスプロモーション」[*1]や「ヘルシー・シティ」[*2]です。わが国の「健康日本21」[*3]も同様です。このような背景として、健康への医療の役割は大きくはなく、社会経済的要因はもちろんのこと、温もりのある住居や緑を含む環境、働きやすい社会的な支援環境、これらが大きな役割を持つという環境の共有化があげられます。

　図1は、一人ひとりの夢の実現をめざし、本人の力量形成とそのプロセスを重視した、健康を支援する環境づくりを示しています。ここでは、ひとりの想いと夢を支援する支援環境整備モデルの概要と、とりわけ健康コミュニティを支える住居に関する科学的なエビデンス（知見）を概括します。

---

*1　ヘルスプロモーション：WHO（世界保健機関）が1986年のオタワ憲章において、提唱した健康戦略で、そのなかで「人々が自らの健康とその決定要因をコントロールし、改善することができるようにするプロセスのこと」と定義付けている。

*2　ヘルスシティ：ヨーロッパの各都市に住んでいる人々の健康と Well・being を高めるため、地域に基盤を置いたヘルスプロモーション活動をいう。

*3　健康日本21：「21世紀における国民健康づくり運動」の略称で、わが国の健康づくり対策として、2000（平成12）年に旧厚生省により策定された。

図1　本人の夢実現のための健康支援環境整備

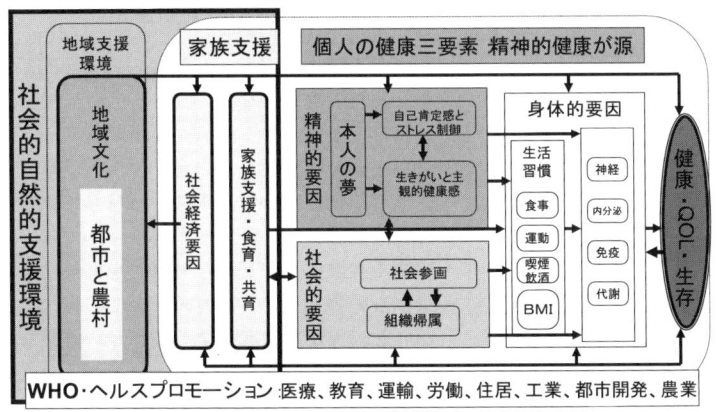

本人の夢実現を支援する精神的健康を源とする
支援環境整備モデル　星　2008　　（近藤,2006・改変参照）

1　健康規定分野としての住居

　1978年にアメリカ合衆国は、健康に寄与する医療の役割は10％であることを示しました。その後、WHOは1991年に、健康を規定する分野として、医療だけではなく、教育、運輸、労働、住居、工業、都市開発、それに農業を提示しました。特に、住居が健康を規定する分野の一つとして位置づけられました。

　本題である健康コミュニティを考える上で、住居の「縁側」を再評価することができます。人が語らう場として、人と人との「縁」を繋ぐ支援環境が縁側だと考えられます。事実、社会的に孤立せず関係性を保つことが、生存維持だけではなく、要介護を予防することに繋がっていることが明確になっています。

② 健康な住居はくらしの基本

朝起きて顔を洗う洗面所、それは、感染症予防のためであるとともに、身だしなみを整える場でもあります。子供たちの生活習慣形成では、家族で食卓を囲むダイニングが大きな役割を発揮し

<住居と生存：夢を支援する住居>

- 洗面所；特に子どもと高齢者の感染予防、歯磨き、化粧・身だしなみ
- 子宮がん予防浴室：子宮がん予防住宅
- 食卓を囲む家族団らん食育：生活習慣形式
- 低階層移動：自分で出来ることはしてあげないという見守りが、廃用症候群を予防する
- 縁側：人と人とが交流し「縁」を構築する場
- 子どもの夢とこころを育み、全ての世代の生きがいと、人が共に成長する視点から健康な住宅の意義の高さを共有するムーブメントが必要

ます。子宮がんの予防には、人パピローマに感染しないように、身体を清潔にする風呂が大きな役割を発揮します。家族そろって運動したり、屋外で遊ぶことは、子供たちの生活習慣形成には不可欠です。

家を建てることは、人生で最も高価な買い物であり、家族の大切な夢のはずです。

③ 健康三要素の源は「こころや想いや夢」

高齢者が前向きに夢を持って生きることが、社会的健康の維持につながり、結果的に身体的健康の維持に役立つ、という因果関係が明確になっています[1]~[3]。

高齢者の健康づくりを支援する場合には、本人が持っているそれぞれの「想いや夢」を大事にしたいものです。世代の異なる高校生調査でも同様でした。将来の就きたい職業が明確であり、将

来の夢がある場合には、喫煙や飲酒行動をしないだけではなく、有意義な学生生活を送る傾向も明らかになっています。本人の夢を大切にした支援活動に注目したいものです。

④ 高齢者の生存を規定する要因

　筆者らは、高齢者の生存を規定する要因について、その因果関係を明確にするために、共分散構造分析を用いて、構造的、総合的に解析しました。調査対象者である都市高齢者8,558名について、2001年と2004年に調査し、その後の生存を追跡しました。

図2　学歴と年収と生活習慣及び、健康三要因と生存日数との関連

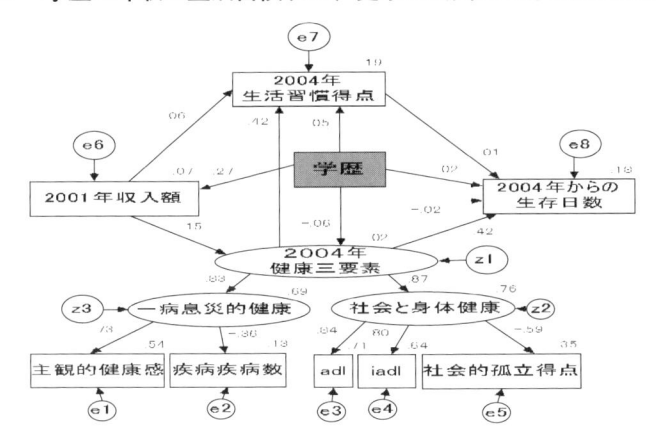

NFI=.977　IFI=.981　RMSEA=.015

　図2に示した学歴と所得額は、2001年のものです。その他は2004年の状況です。生存は2004年からの3年間の生存日数を規定するモデルを設定し、因果関係を明確にしました。
　新しい構造的な仮説は、学歴が基盤的な源になり、年収確保や好ましい生活習慣の維持につながるとともに、健康三要素の維持

に寄与し、最終的には生存の維持に寄与する、という先行研究[4]を応用したものです。

分析結果は、ほぼ仮説通りでした。生存日数の長さは、生活習慣や学歴や年間収入から直接に規定されるわけではないことが示されました。つまり、学歴の生存日数への直接効果を示す標準化推定値は、ほぼゼロでした。好ましい生活習慣の直接効果も同様に、0.06と極めて小さく、年間収入額も同様に、直接効果が小さいことが示されました。

高齢者の生存を規定する要因を構造的にみると、学歴が基盤となって、年間収入額が多くなるという面では直接に寄与（標準化推定値＝0.33）していますが、学歴が好ましい生活習慣得点や生存日数を直接には規定しません。ただし、「健康三要因」へは少々寄与しています。好ましい生活習慣得点は、学歴から規定されるよりも、年間収入額から少々規定（標準化推定値＝0.08）され、間接的に生存日数と関連することが示されました。

また、「健康三要因」が直接に生存日数を強く規定（標準化推定値＝0.41）するのに対して、好ましい生活習慣は、生存をほとんど直接的には規定（標準化推定値＝0.08）しません。一方、「健康三要因」については、好ましい生活習慣を直接に規定する（標準化推定値＝0.36）ことが示されました。このように、治療すべき疾病を少なくし、主観的健康感を維持し、前向きに生きること、そして社会的に孤立せずに楽しく生きことは、その後の生存に大きく寄与することが、追跡研究で明確になりました。

本研究では、健康にとって望ましい住居というだけの視点では分析していませんが、生活習慣の中には、睡眠確保と望ましい食生活が含まれています。寝室と食卓を囲むリビングダイニングが大切なのです。何よりも社会的な孤立をせずに、地域コミュニティとの関係性を保つことを支援する「住居・縁側」の意義が高いことが明確になった、と考えられます。

参考文献

1) Tanji Hoshi (2005) : Healthy Japan 21 objectives and strategies. New challenges of Health Promotion Activities in Korea, Korean society for health education and promotion : 57-88.
2) Tanji Hoshi, Ryu Shinu, Fujiwara Yoshinori, Kurimori Sugako(2007). Urban Health and Determinant Factors for Longer Life for the Elderly Urban Dwellers in TOKYO Proceedings of the International Symposium on Sustainable Urban Environment. 61-66.
3) Toshihiko Takahashi, Takashi Hasegawa, Tanji Hoshi (2005) : Self-rated Health and Social Factors in the Urban Japanese A study of Structural Equation Modeling (SEM),International Journal of Urban Sciences. 9(2) : 67-77.
4) Singh-Manoux, Archana ; Clarke, Paul ; Marmot, Michael (2002) ; Multiple measures of socio-economic position and psychosocial health : proximal and distal measures Int. J. Epidemiol. 31 : 1192-1199.

② 健康とコミュニティの関わりを探る

北九州市立大学国際環境工学部建築デザイン学科 准教授　白石 靖幸

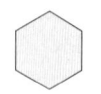

はじめに

人の健康は、人とこれを取り囲む全ての環境要因との関係性によって規定されます。コミュニティに関連する環境要因がどのように人の健康を規定するか、このことをアンケート調査によって探る手法がありますが、ここでは、その手法について解説します[1]。なお、「コミュニティ」から「住まい」を経由して「健康」に影響を与える、といった間接的な関係性も考えられるため、住まいと健康との関係性についても、アンケート調査の対象としていることを、ふまえておいてください。

1　アンケート調査項目の選定

人を取り囲む環境は、一般に、自然環境と社会環境の二つに大別できます。自然環境としては、物理的・化学的・生物的・地理的な環境条件などが対応します。社会環境としては、政治・社会・経済・産業・教育・文化・保健医療に関連する環境条件が対応します。ここでは、これら環境条件のうち、住まい・コミュニティに関わる項目を抽出するため、統計資料・健康関連施策等を整理し、以下に示す3つの分類を参考に、評価項目の抽出を行っています。

表1　アンケート調査票の質問項目の構成表

第一部（コミュニティ）		第二部（住まい）	
医療機関・医療サービス	かかりつけ医療機関 かかりつけ歯科医院	住まいの属性	基本情報 住まい方
交通・モビリティ	バス 鉄道 歩行者の安全性	住まいの性能	室内空気質 日当たり 風通し 夏の涼しさ 冬の暖かさ 遮音性能 バリアフリー化
自然環境	空気環境 水環境 音環境 気候 緑地面積		
		第三部（健康）	
公共施設	運動施設 文化施設 子育て支援施設	栄養・食生活	食事、体型
		身体活動・運動	身体、移動 運動、活動
防犯・防災	防犯・防災施設 犯罪の発生	休養・ こころの健康づくり	休養 こころの健康
まちづくり・ 住まいづくりのルール	バリアフリー化 建物の密集度 まちなみ・景観	医療・検診	医療、検診 歯科衛生
		たばこ・酒	たばこ、酒
つきあい・ ネットワーク	近所づきあい 地域活動	第四部（個人属性）	
		個人属性	基本属性

出所：参考文献1）

① 基本統計情報

　人口構成、保健医療費の割合、犯罪件数等の統計情報で、比較的入手可能な健康に関連する客観的な数値指標等

② 主に自治体レベルの評価項目

　医療・健康、都市計画・建築規制、都市インフラ（道路・交通・衛生施設等）、自然環境、歴史・文化、防災・防犯、高齢者対策、子育て支援

③ 主に自治区会（地域）レベルの評価項目

　上記②以外のまちづくり組織、地域サービス（スポーツ・社会余暇活動・勉強会）、NPO法人等

　さらに、自治休等が管理する統計資料からでは把握することのできない、住まい・コミュニティの実態や、居住者の価値観・満足度・健康状態といった主観的な情報を抽出するため、住民の健

康にかかわると予想される要素を追加・整理し、表1に示す調査票を作成しています。調査票の質問項目は、表1に示す通り、1）コミュニティ部門、2）住まい部門、3）健康部門、4）個人の属性部門の計4部門で構成されています。

　1）の「コミュニティ」は、地域のインフラや環境、社会システムに係わる7つの大項目として、「医療機関・医療サービス」、「交通・モビリティ」、「自然環境」、「公共施設」、「防災・防犯」、「まちづくり・住まいづくりのルール」、「つきあい・ネットワーク」で構成しています。大項目を構成するそれぞれの中項目において、「重要度」、「満足度」に関する質問を行います。医療施設の数や距離、交通事故発生件数等の定量的評価に関しては、周辺地図や自治体の統計情報等により、別途評価します。

　2）の「住まい」は、住まいの設計仕様や住まい方にかかわる「基本情報」、「性能」の二つの大項目より構成します。「性能」の評価項目は、「室内空気質」、「日当たり」、「風通し」、「夏の涼しさ」、「冬の暖かさ」、「遮音性能」、「バリアフリー化」の7つの中項目です。コミュニティ同様に、それぞれの中項目において、「重要度」、「満足度」に関する質問を行います。「基本情報」の項目では、住まいに関する客観的な情報（グレード等）を把握します。

　3）の「健康」は、市民の健康増進を目的として、過去に全国各地域（東京都多摩市、高知県檮原町、福岡県北九州市等）で実施されたアンケート調査を参考に、設問を構成しています。特に、主観的健康感（詳細は②を参照）に有意な関連性が見られた項目を中心に、抽出を行っています。その多くは個人の生活習慣や心身状態に関するもので、「健康日本21」（http://www.kenkounippon21.gr.jp/）を参考に、「栄養・食生活」、「身体活動・運動」、「休養・こころの健康づくり」、「医療・検診」、「タバコ・酒」と再整理しています。一部の設問に関しては、健康日本21で

示されている具体的な達成目標値との比較も可能としています。

4)の「個人属性」は、調査結果の属性別の比較を目的として、「年齢」、「性別」、「居住エリア」、「家族構成」、「職業」、「学歴」、「経済状況」を問う設問としています。

② 健康代替指標としての主観的健康感[2]

アンケート調査によって、住まい・コミュニティと健康との関係性を推論・検証するような場合、医学的検査等に基づく疾病や客観的な健康度の評価が困難な場合も多いものです。そのため、その代替指標として、主観的健康感が調査項目としてしばしば活用されます。主観的健康感とは、現在の自分自身の健康状態を自分自身で自己評価したものであり、先行研究によると、生命予後（生存の見通し）との関連が検証され、客観的な健康指標としての可能性も示唆されています。

主観的健康感の設問例については、次のとおりです。

◇あなたは自分が健康だと思いますか。
1　とても健康　　2　まあまあ健康
3　あまり健康ではない　　4　健康ではない

本稿で取り扱うアンケート調査においても、健康度の評価指標に関しては、主観的健康感を用いています。

③ 共分散構造分析による因果関係の定量化

健康、住まい・コミュニティといった抽象的な要素が多いアンケート調査においては、調査項目が多岐にわたり、またそれらの相互関係性も複雑になってしまいます。このため、複数の観測変

数 (調査項目) によって構成される"構成概念 (潜在変数)"を抽出することが重要となってきます。

ここで紹介する共分散構造分析とは、この構成概念を含めた因果関係を分析する統計的手法です。そして、図1は共分散構造分析モデルのイメージ図になります。このモデルは、「コミュニティ」と「健康」を構成概念とし、それらの因果関係を分析するものです。「コミュニティ」、「健康」といった構成概念は、直接的に測定できるものではありません。そこで、「コミュニティ」は、観測変数である「近所づきあい」、「犯罪の発生」等で測定できるものとし、「健康」も、同様に「主観的健康感」、「運動習慣」等で測定できるものとしています。

また、分析に際しては、因果関係の有無、程度が評価されます。分析結果に対しては、現実の事象を捉えているか、既存の仮説と矛盾がないかなど、モデルの適合度を表す各種指標を用いてチェックすることになります。

図1　共分散構造分析モデルのイメージ図

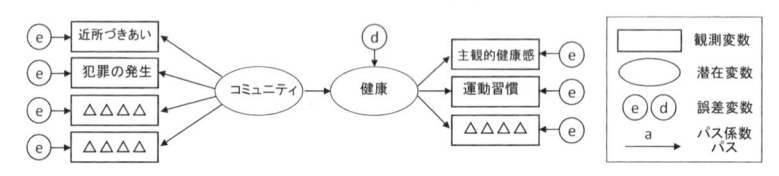

参考文献

1) 伊香賀俊治, 白石靖幸, 星丹二, 居住環境における健康維持増進に関する研究 (その12), 住まいとコミュニティが住民の健康維持増進に与える効果のアンケート調査概要, 日本建築学会大会学術講演梗概集 (東北), (2009年8月)

2) 星丹二編著：都市の健康水準—望ましい健康づくりのために—, 東京都立大学出版会 (2000年3月)

3 中山間地域の健康コミュニティの事例
―高知県梼原町の調査結果―

慶應義塾大学理工学部システムデザイン工学科 教授　伊香賀 俊治

1　梼原町の概要

(1) 町の概要

　高知県梼原町（ゆすはらちょう）は、日本最後の清流といわれている四万十川の上流、愛媛・高知両県の7町村にまたがる四国カルストを有する地域に位置しています。典型的な中山間地域で（図1、図2）、標高220m〜1455mに位置し、年間降水量は2,600mm、年平均気温は13℃で、冬期には降雪も見られる地域です。

　2005年時点における町内総人口は4,625人、高齢者の割合は36％に達しています。毎年死亡率が出生率を上回り、人口の自然増加率はマイナスの値をとり続けています。また都会への人口流出等もあって、総人口も年々減少しています。国立社会保障・人口問題研究所の将来推計によれば、この傾向

図1　高知県梼原町の位置

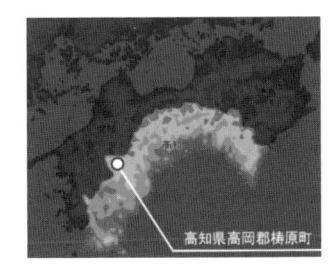

図2　高知県梼原町内の風景

は今後も進展し、2020年頃には、総人口が4,000人を割ると予測されています。

その一方で、豊かな自然環境や行政の積極的な取り組みにより、内閣官房より環境モデル都市に選ばれるなど、地域の再活性化に向けた活動は、近年活発になりつつあります。

⑵ 健康づくりに向けた町の取り組み

檮原町は、健康（いのち）・教育（こころ）・環境（あんしん）を基本としたまちづくりを行っており、平成13年度に「森と水の文化構想」を策定しています。その一環で「健康の里づくり」を実現するプランとして、「健康文化の里づくりプラン」が策定されています。

その地域一体の健康づくり活動が検診の受診率を高め、疾病を予防し、各種死亡率を低下させており、その結果、医療費が全国に比べて抑制されているのです。（図3、図4）

図3　検診受診率の全国・高知県との比較　　図4　老人医療費の全国・高知県との比較

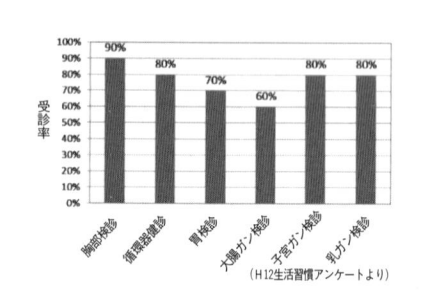

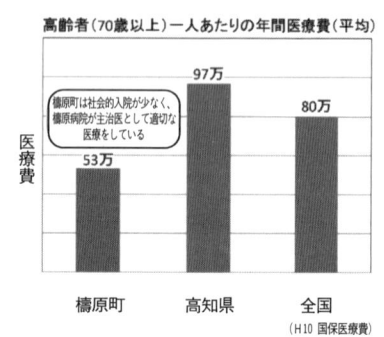

2　調査の概要

調査の概要を表1に示します。調査は、2009年1月に檮原町の18歳以上の町民約1,200人を対象に行ったものです。

表1　調査の概要

調査概要	
調査期間	2009年1月5日～1月27日
配布・回収方法	健康文化の里推進委員による直接配布・回収
配布数	1,212
回収数（回収率）	1,114（92%）
有効回答数（有効回答率） ：年齢が判別できたもの	1,032（85%） 【内訳】青壮年期（18～64歳）：653、 　　　　高齢期（65歳以上）：379

③ 調査の結果

(1) 回答者属性

　図5、図6に、回答者の個人特性を示しました。青壮年層では50代の回答者がいちばん多く、性別はほぼ均等。高齢層では70歳代の回答が多く、また、女性からの回答が多数でした。

(2) 主観的健康感

図5　回答者の属性（青壮年層）

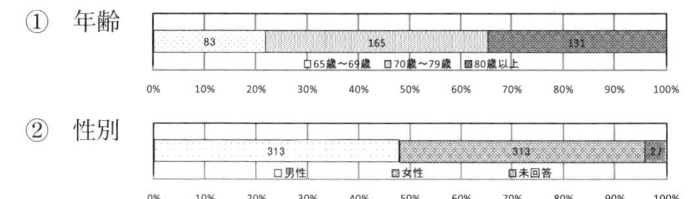

① 年齢

② 性別

図6　回答者の属性（高齢層）
① 年齢

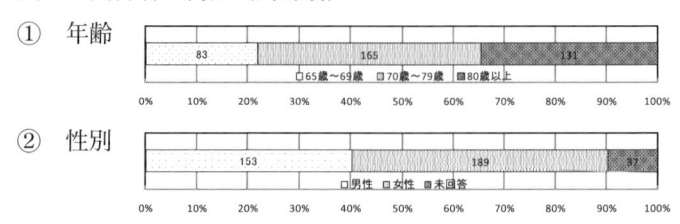

65歳～69歳	70歳～79歳	80歳以上
83	165	131

② 性別

男性	女性	未回答
153	189	37

図7　年代別主観的健康感

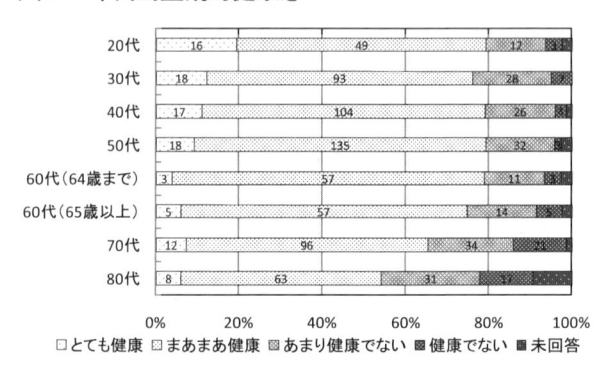

年代	とても健康	まあまあ健康	あまり健康でない	健康でない	未回答
20代	16	49	12		
30代	18	93	28		
40代	17	104	26		
50代	18	135	32		
60代(64歳まで)	3	57	11		
60代(65歳以上)	5	57	14		
70代	12	96	34	21	
80代	8	63	31	17	

　図7に、年代別の主観的健康感の回答割合を示しました。健康である（とても健康・まあまあ健康）と答えた回答者の割合は、青壮年層では年代別の相違はほとんど見られません。しかし、高齢層では、高齢になるにつれ、健康であると感じている回答者の割合は低くなりました。このように、青壮年層と高齢層では、自分自身の健康状態への自己評価に差があります。そこで、以下に、青壮年層、高齢層別に、共分散構造分析による健康と住まい・コミュニティとの因果関係の分析を試みました。

(3) 共分散構造分析による因果関係の定量化

1）青壮年層
　図8は、住まい・コミュニティが人々の健康状態に何らかの影

響を与えるという仮説の下に作成したもので、青壮年層の健康形成要因モデルを示しています。この図は、直接測定することのできない「住まい・コミュニティ」と「健康」という概念を、本調査で抽出した評価項目によって表現することで、「住まい・コミュニティ」が「健康」に与える影響（因果関係）を定量的に分析したモデル図です。

図8　健康影響因子モデル（青壮年期）（暫定版）

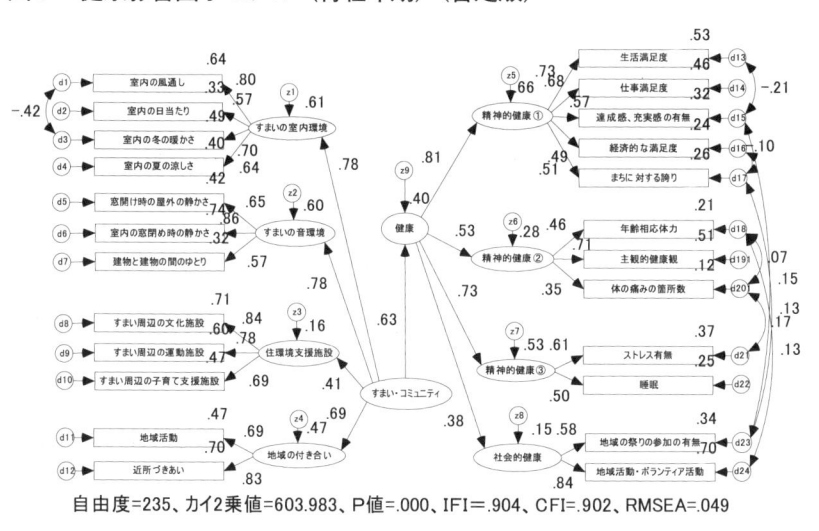

自由度=235、カイ2乗値=603.983、P値=.000、IFI=.904、CFI=.902、RMSEA=.049

　まず、「住まい・コミュニティ」は、「住まいの室内環境」（室内の通風環境や温熱環境など）、「住まいの音環境」、「住環境支援施設」（文化施設や運動支援施設など）、そして「地域の付き合い」（地域活動など）によって構成されます。

　次に、「健康」は、生活満足度や仕事満足度、ストレスの有無などに関係する「精神的健康」、そして地域の祭りへの参加の有無や地域活動・ボランティア活動への参加の有無に関係する「社会的健康」によって構成されます。

本調査によって、最終的に本モデルで定義した「健康」の40％を、「住まい・コミュニティ」によって説明することができました。また、人々の健康を支えていくために、住まい・コミュニティ環境を整備していくことの重要性が確認できました。

2）高齢層

　図9は高齢層の健康形成要因モデルを示しています。このモデル図も、青壮年層と同様に、「住まい・コミュニティ」が「健康」に与える影響をモデル化したものです。

　高齢層の場合、「住まい・コミュニティ」は、「住まいの室内環境」（室内の通風環境や温熱環境など）、「住まい・コミュニティ環境」（空気質環境や音環境）、「住環境支援施設」（文化施設や運動支援施設など）、「医療機関」（かかりつけの医療機関・歯科医院）、そして「地域の付き合い」（地域活動など）によって構成さ

図9　健康影響因子モデル（高齢層）（暫定版）

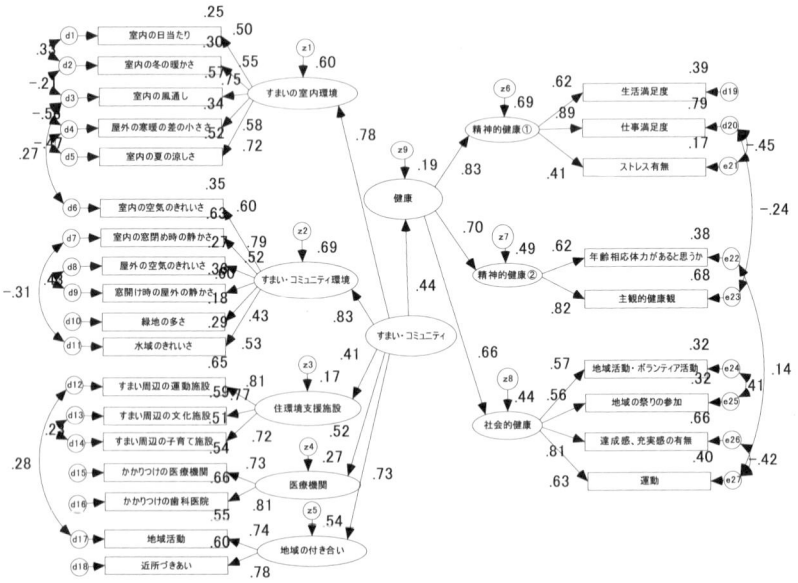

自由度＝301、カイ2乗値＝608.068、P値＝.000、IFI＝.891、CFI＝.888、RMSEA＝.052

れます。

　また、「健康」は、生活満足度や仕事満足度、年相応の体力への意識などに関係する「精神的健康」、そして地域の祭りへの参加の有無や地域活動・ボランティア活動への参加の有無に関係する「社会的健康」によって構成されます。

　そして、高齢層においては、本モデルで定義した「健康」の18％を「住まい・コミュニティ」によって説明することができることがわかり、青壮年層同様、人々の健康を支えていくために、住まい・コミュニティ環境を整備していくことの重要性を確認できました。

まとめ

　人の健康は、人とこれを取り囲む全ての環境要因との関係性によって規定されます。その一つとして、コミュニティに関連する環境要因がどのように人の健康を規定するか、を共分散構造分析という手法を用いて検証しました。その結果、青壮年層、高齢層それぞれにおいて、「住まい・コミュニティ」が「健康」に影響を与えていることが定量的に示され、住まいの環境、コミュニティの環境を整備することの重要性が示唆されました。

　また、青壮年層、高齢層では健康を規定するコミュニティ環境の評価項目が異なることから、その都市の年齢構成を考慮した対策が必要となることを、確認しました。

V 内外の先進事例

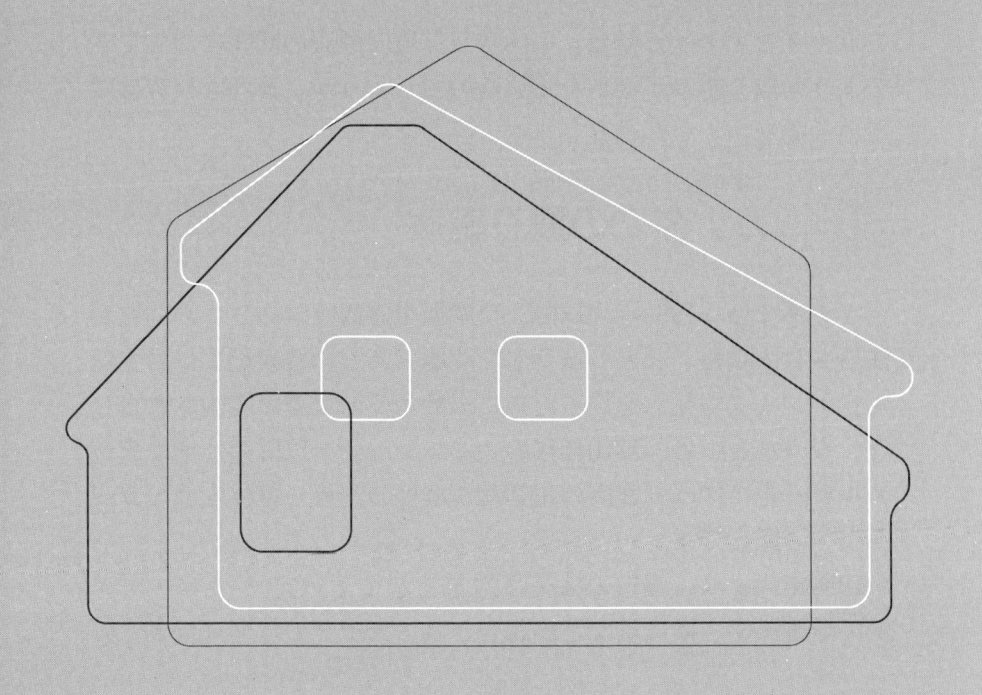

① カナダ・アメリカの先進的研究事例の紹介

東北大学大学院工学研究科 都市・建築学専攻
サステナブル環境構成学分野 教授　吉野　博
秋田県立大学システム科学技術学部
建築環境システム学科 准教授　長谷川 兼一

はじめに

　近年、欧米では、化学物質汚染や湿気が原因で生じるダンプビルディング（じめじめした建物）における微生物汚染による健康被害、特に児童の健康問題との関連が大きな研究テーマとなっています。また、VOC（揮発性有機化合物）も、ホルムアルデヒドに加えて、問題となっています。
　カナダとアメリカでは、室内空気環境と健康の問題に対してどのような取り組みがなされているのでしょうか。著名な研究機関での活動をいくつか紹介します。

1　カナダでの取り組み

　カナダでは、1960年代以降、公衆衛生の観点から2つの問題が注目されました。ひとつはラドン問題であり、健康影響に対するエビデンス（知見）を得るために、数多くの調査が実施されました。もうひとつは、1970年代のオイルショック以降の住宅の省エネルギー化に伴う、室内の化学物質濃度の上昇や壁体内部のカビ発生への懸念です。
　1980年代より、国内の住宅を対象として、VOCやカビ・ダスト・浮遊粉塵・換気量などが調査され、カナダの住宅には多くの

空気環境上の問題点があることが把握されています。例えば、ハーバード大学とHC（ヘルス・カナダ、後述）との共同調査では、6都市4,600人の子供の呼吸器系疾患について調べており、カビや湿気（ダンプネス）は、喘息発症を50％高め、上部気道疾患を60％高めることが示されています。

このような調査により得られた結果は、カナダでの室内空気質に関するガイドライン整備に引用され、ラドンに関するガイドライン（1988年、2007年に改訂版）、ホルムアルデヒドのガイドライン（2005年）、カビのガイドライン（2007年）が整備されています。

(1) カナダ住宅金融公庫（CMHC）での取り組み

CMHCは、戦後の住宅供給を促進するために、1946年に国家機関の一つとして設立されました。CMHCは、住宅建設に必要な資金の融通を支援する他に、良質な住宅供給を支えるための政策提案や情報を提供しています。1990年代には、Healthy Housingという住宅コンセプトを提案しています。CMHCでは、住宅改修のための技術資料の提供、ハウスダスト・カビ・花粉・化学物質などの健康影響物質を低減するための実験住宅の建設、環境負荷が少ない環境共生型の住宅の提案、などの活動を行っています。

カナダの住宅の断熱気密性能は確実に向上しているため、空気環境を清浄に維持するための機械換気システムの設置は必須となっています。カナダにおける数多くの実測調査によれば、換気回数が0.3回/h以下の住宅が多く、その場合に、化学物質濃度が高くなることが示されています。また、HRV（熱交換機付き第1種換気）を設置している住宅の調査では、冬に換気システムを常時運転している割合は80％であり、春や秋、夏では15％でした。HRVが設置されているにも関わらず、そのことを認識して

いない居住者もいます。換気システムの使用方法とメンテナンスを徹底させることが重要です。

　CMHCが中心となり、1997年に、健康と住宅特性、微生物濃度との関連性に関する幼児を対象とした調査が実施され、カビ発生が多発する要因として、築年数・補助暖房器の種類・床の汚れ・低い気密性能・開放型ストーブ・地下室での水使用・高湿度・低い室温が挙げられました。また、カビ発生が少ないことと関連する要因は、機械換気・掃除・高い気密性能・新築・安定した室温、となりました。このように、カビの発生は建物特性のみでは説明できず、住まい手の生活スタイルも強く影響を与えることが分かります。

(2) カナダ国立科学研究所（NRC）の建築研究部門（IRC）での研究活動

　NRCは、4,200人の常勤職員と1,446人の客員研究員が所属しているカナダ国立の研究所で、25の研究所・技術センターから構成されています。IRCはその研究所の1つであり、建物や外皮の構造・室内環境・火災研究・都市インフラ研究等を行っています。建築基準法の学術的情報を与えるための基礎データを構築することが、主な役割です。

　最近の室内空気質に関連する研究として、カビ汚染の研究が開始されています。その他、光環境と健康との関連性について研究、夜間の照明が人間の生体リズムを乱し、その結果、乳ガンのリスクを増加させることを推測しています。また、騒音への曝露により心臓疾患への影響があるなど、光・音環境に関しても、健康住宅の条件に含めています。

(3) ヘルス・カナダ（HC）での調査

　HCは、カナダ国民の健康管理を目的とするカナダ政府の機関

であり、日本の厚生労働省に相当します。科学的な調査・長期健康管理の相談・疾病予防のための情報発信、および健康奨励などが主な活動となります。

HCはカナダ統計局（SC）と共同で、2007〜2009年の2年間に5,000人規模の疫学調査を実施しています。国内の15地域を対象に、一地域毎366人の対象者を選定しています。対象者は6〜79歳とし、年齢順に5つのグループに分けています。

この調査の特徴として、身体測定・血液検査・尿検査などの診断を行うために、モービル・クリニックを実施している点があります。写真1に示すような大型トレーラで各地域を訪問し、車内で医師が対象者の診断を行います。

この調査を6年間継続することが計画されており、調査コストは総額26億円となります。カナダの健康住宅への関心の高さが、調査規模やコストから窺い知ることができます。

写真1　カナダ統計局によるモービル・クリニックに用いるトレーラ

写真提供：Dr. Jeanine Bustros, Physical Health Measures Division, Statistics Canada

② アメリカでの取り組み

アメリカにおける喘息患者は、1980年以降の調査で年々増加している傾向にあり、特に5歳から14歳の年齢層が、他の年齢層と比較して多いことがわかっています。また、ハリケーンの発生により家屋への浸水被害が生じ建物が湿った状態になり、その結果、写真2に示すように、カビの発生が問題となっています。カ

ビは呼吸器系疾患に関係するといわれていますが、知見（エビデンス）は少ない状態です。

写真2　ハリケーン（カトリーナ）通過後の住宅でのカビ汚染の状況

写真提供：Dr.Tiina Reponen's research group, University of Cincinnati, USA

(1) 米国環境保護庁（EPA）での室内空気環境に対する取り組み

EPAは、市民の健康保護と自然環境の保護を目的とするアメリカ合衆国連邦政府の行政機関で、日本の環境省に相当します。種々の環境汚染に対する防止策や、地球規模の環境問題のリスク削減などに関する規制措置のほか、環境情報の整備や環境教育の支援などを通じて、住民の参加や意思決定のツール等を提供しています。本部はワシントンD.C.にあり、10ヶ所の地方支部局および10数カ所の研究所が設置されています。

EPAが室内空気汚染に注目する理由は、①人の一生のうち90％の時間を室内で過ごし、室内の汚染物質濃度は屋外汚染物質の2〜5倍になる、②環境リスクの上位5の中に室内空気汚染が含まれる、③室内空気質に関わる対応に年間1500億ドル〜2000億ドルの高額なコストを負担している、ことが挙げられます。

EPAでの室内空気汚染への対応として優先的に取り上げてい

る事項は、ラドン・喘息・学校・喫煙のない部屋と車・室内空気清浄・カビ・居住者へのガイダンス・商業／工業界へのガイダンス・気候変動と室内空気質の関連、などです。

　アメリカでは、ラドン汚染を原因とする肺がんの死亡者が２万人以上いるとされています。ラドンは、煙草に続く肺がんの原因物質であり、非喫煙者が患う肺がんの最も多い原因となっています。対策として、住宅のラドン防除に対する助成制度や情報提供を積極的に行っています。

　また、米国では、約630万人の児童が喘息を患い、成人を含めると2,200万人とされています。喘息発作は、家庭・学校・職場環境またはその周辺環境に存在する汚染物質により起きますが、アレルゲンとして、げっ歯類の動物（ネズミなど）・ゴキブリ・ダニ・カビ・化学物質・排気ガス・煙草煙などが挙げられています。

　EPAでは、喘息を予防するためのプログラムを作成しており、医学の観点から見た環境管理方法の提示や、メディアを利用した国民の意識を高めるキャンペーン、両親と子供に対する情報提供などが挙げられます。

　カビと湿気（ダンプネス）はアレルギーと喘息の要因となり、呼吸器系気管の上部と下部の症状に影響を及ぼします。住宅における湿気とカビが喘息の発症に与える影響は、年間35億ドルの被害に相当するという試算もされています。このような状況下、EPAでは、湿気とカビに関するパンフレットを作成し、国民への問題意識を高める努力をしているのです。

　EPAのカビに関する研究では、カビが人体に及ぼす影響について、アレルゲンまたはMVOC（微生物由来揮発性有機化合物）の観点から取り組んでいます。カビのIgE抗体の生成量をダニアレルゲンと比較すると、カビのほうがIgE抗体生成量は多いことが確認されています。また、研究対象のカビとしてStachybotrys Chartarum に注目し、クロス内部で繁殖することにより発生する MVOC が、健康へ影響することに懸念を表明しています。この Stachybotrys Chartarum は、寒冷な地域の住宅で検出されやすいようです。

(2) 米国住宅都市開発省（HUD）での健康住宅プログラム

　HUD は、米国連邦政府の省で、住宅や都市に関する政策を策定・実行するために、1965年に設立されました。国民に対して、安全・安心で清潔な家と心地よい生活環境を提供することを使命とし、住宅取得者を増やすこと、地域コミュニティの発展を支援すること、差別なく予算に見合った住宅の利用を増やすこと、を推進しています。

　HUD での健康住宅の取り組みの特徴として、低所得者の家庭内での健康に影響を与える要因を低減させるための費用対効果が高いこと、予防的な対策に集中することが挙げられます。このような住宅での健康と安全に対するハザードのうち、優先的に考慮すべき要因として、①アレルゲン・喘息、②カビと湿気、③害虫とげっ歯類（ネズミ類）、④不慮の怪我・火事、などが示されています。これらのハザードを減じるために、過度な湿気の減少やダストの抑制、室内空気質の改善、教育・救済活動が挙げられています。

　HUD では、1998～2000年、全米の代表的な家庭を調査した NSLAH（住宅における鉛とアレルギーの全米的な研究）を実施しています。この調査の目的は、鉛ベースの塗料の危険を広く知らせること、ハウスダスト中の一般的なアレルゲンのレベルを把握することです。調査では、住宅に関するアンケート、目視による評価と掃除機によるダストの収集、鉛塗料のサンプリングを行いました。その結果、全体の40％の住宅で鉛塗料を使用し、25％の住宅では、鉛塗料による健康被害の危険性が指摘されました。

建築年が古いほど、また、低所得者ほど鉛塗料を使用する割合が高いことがわかりました。

　建物内の目に見えるカビと湿気は、居住者の呼吸器系の病気と症状に関係していると認識されていますが、カビ曝露と喘息の悪化の関係についての知見は極めて少ないのが現状です。過去の調査研究では、気中のカビ胞子の数（浮遊真菌濃度）と呼吸器系疾患との関連性は明確ではありません。HUDでは、カビの破片が重要であるとして、他の研究期間と共同で研究を進めています。

　ここでいうカビの破片は1μm以下であり、カビの胞子は1μm以上です。小さなサイズの粒子は、①空気中に滞留する時間が長い、②挙動が複雑、③肺の奥深くに堆積する、④除去されるのが遅い、⑤表面積が大きい、などの特徴があります。この点で、カビの破片まで含めた粒子はアレルゲンとして危険性が高いと考えられており、これまでの浮遊真菌濃度のみでは不十分であるとして、DNA解析による評価法の確立が進められています。

　また、子供は空気汚染の影響を受けやすく、理由として、①肺の成長が十分でなく、特に、肺胞と皮覆組織の成長と気管支の成長が不十分、②呼吸器系の免疫機能が不十分、③口からの呼吸しかできない、④体重当たりの肺の表面が大人より大きい、⑤体重当たりの呼吸する空気量が大人より多い、などが考えられるため、HUDでは子供の健康影響に対する配慮の必要性を重要視しています。

❷ ヨーロッパにおける評価制度の紹介

芝浦工業大学工学部建築工学科 教授　秋元 孝之

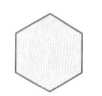

はじめに

　少子・高齢化社会、人口・世帯縮減社会の到来、環境制約の一層の高まり、国民居住ニーズの多様化・高度化などが、わが国に課題として迫ってきています。また、生活習慣病の増大などの疾病構造の変化により、医療費の増大が大きな社会問題となっています。

　これらの課題に対応して、国民が真に豊かさを実感できる社会を実現するということは、国民一人ひとりが生涯にわたり元気で活動的に生活できる社会にすることです。

　中期的に取り組むべき社会システムの改革の一つとして、「生涯健康な社会形成」が位置づけられ、その重要な構成要件の一つとして、住宅の健康維持増進分野における研究、技術開発が、日本のみならず、欧米でも盛んに行われています。特にEUにおいては、環境負荷削減の試みと同時に、その住宅に居住する人の健康を重視した評価手法の提案が見られるなど、この分野の政策、研究、技術開発に熱心に取り組んでいます。本稿では、イギリスにおけるHHSRS（Housing Health and Safety Rating System）と、オランダの健康住宅チェックリストを紹介することにします。

② イギリスにおける HHSRS (Housing Health and Safety Rating System)

(1) HHSRS の概要

　HHSRS は、居住者の健康や安全のために、住宅に起因するリスクを軽減する目的で住宅をアセスする手法です。2006年4月に、イングランドとウェールズにおいて法制化され、運用されはじめました。開発したのは、BRE のヴィヴ・メイソンをはじめとするメンバーと、ワーウィック大学のデヴィッド・オーマンディ教授らです。

　HHSRS が法制化される以前の取り組み方法としては、住宅の構造や機能に着目することが主で、欠陥の重大さは、修復・改善の範囲やコストで量っていました。居住者に焦点を当てた住宅内の危険要素の評価は行っておらず、基準に照らして合格か不合格の判定のみで、欠陥の度合いを示すものではありませんでした。現行の HHSRS は、「基準」ではなく「重大さの度合いを示すもの」であり、健康を害したり、危険となったりする可能性に焦点をあてています。

　住宅には、生活をする上で欠かすことのできない機能や設備がありますが、それらのなかには、火気や電気といった危険を伴うものがあります。HHSRS では、住宅は完璧に安全であることを目指すのではなく、できる限り安全であることを目指さなければならないという考え方をもっているのです。

(2) 評価を行うためのエビデンス

　住宅は、居住者や訪問者に、安全と健康な環境を提供しなければなりません。ここでいう環境とは、構造・設備・家具・外構・

庭・アクセス手法が含まれます。HHSRSでは、明らかなエビデンスに基づいた危険要素に着目し、その深刻さを評価しており、現実的な評価であることを目指しています。

　イギリスにおける住居内の死者は、5万人／年（1000人に1人）で、住居内に起因する治療を必要とするけが・病気は、50万人／年（100人に1人）です。業務上の災害による死者が200人に留まるまでになっているのに対し、住居内はプライベートな場所であり、コントロールが難しいのです。

　住宅に関する欠陥には、徐々に害を及ばすもの（例；湿気・極端な寒さ）もあれば、瞬間的に害を及ぼすもの（例；転落）もあります。また、死に至るもの（例：ラドン）もあれば、騒音のように、死ぬまでのことはないものもあります。

　HHSRSでは、住宅に関する欠陥がどのくらい重大であるかを示すために、高い数値ほど危険性が高くなるように、数値化のシステム設計を行いました。具体的には、欠陥を4段階に分け、死に至る可能性のある欠陥であるClass Ⅰから、怪我等の障害を負う可能性のあるClass Ⅳまでの発生確率を評価しているのです。図1は、セントラルヒーティングの配管等に触れることによる火傷発生の欠陥を評価している事例です。

図1　HHSRSの評価シートの例

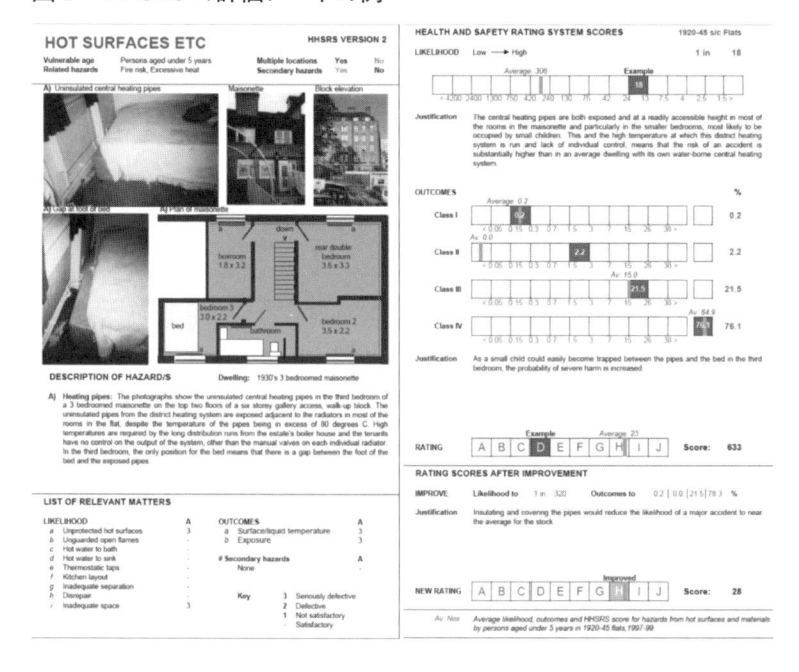

図2：評価の基準表（階段からの転落の事例）

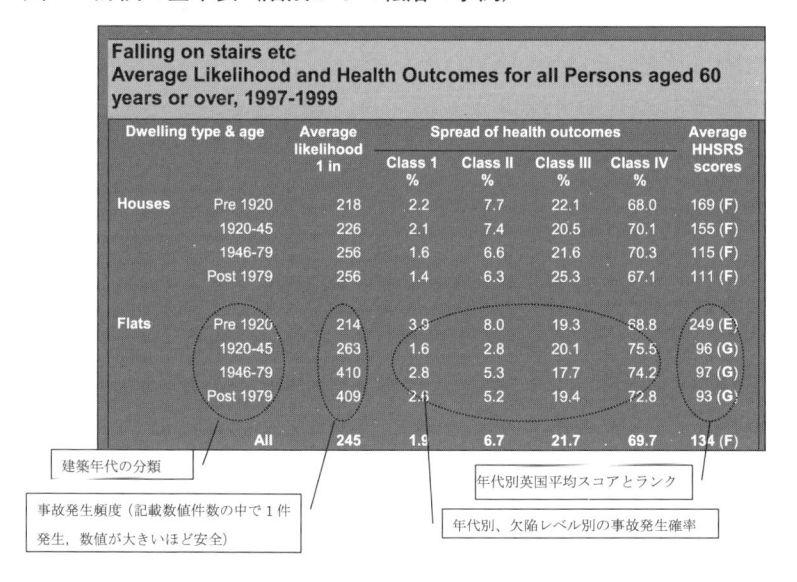

評価の肝となるのは、統計に基づく国内の「平均値」とされる基準表です。図２に評価の基準表（階段からの転落の事例）を示しました。

　イギリスでは、医療機関で治療を受けた際に、病気やけがを引き起こした原因を記録することになっています。また、住まいの郵便番号である ZIP CODE から、住宅の建築年や、戸建か集合かを判定できるようになっています。住宅の建築年がわかることで、建築基準法上のどの世代の住居に当たるかが判明しますし、ZIP CODE は15軒くらいにまで細分化されているため、住居のスタイルがわかるという仕組みなのです。また、怪我や病気をすると、必ず決まった医師であるいわゆる家庭医の診察を受け、怪我や病気の原因に関する記録が残ることになっています。それに、ICD10（国際疾病分類）が浸透しているため、住宅内事故を起因とする怪我や病気の正確なデータベースが存在しています。

　これらのデータをもとにして作られたのが評価の基準表であり、基準表は29の HAZARD 項目ごとに、１表ずつ用意されています。その HAZARD が、「１年間の間に起きる頻度」と、起きた際に「Class ⅠからⅣのそれぞれのレベルの被害がどんな割合で起きるか」の「国内平均値」を、建築基準法の世代ごとに表にしているのです。

(3)　評価の手順

　HHSRS の評価のための検査は、検査員によって行われます。評価員が住居内の部位を点検し、欠陥をリストアップし、HHSRS の29項目ごとに、欠陥による危険のおそれがあるものを抜き出し、リストアップされた危険な状況が以降の１年間にどのくらいの頻度で起こるかを数値化します。評価住宅の住人だけでなく、欠陥の影響を受けやすい年齢層である高齢者や子供などの使用も想定して、危険発生の可能性を算出します。１年間とす

ることで季節による違いを包含できます。頻度は、結果として医療機関にかかることになる頻度を指します。

　被害の程度の評価は、欠陥により危険な状況が起きた結果どの程度の害が及ぶか、けがや病気の具合が重症か軽症かを判断し、数値化することでなされます。これは、基準表を基にして、それよりも悪い状況か、より良い状況かを判断することで決定します。ここでは検査員の経験が大いにものをいうことになります。

　ランク付けは、前述の結果を次式に当てはめて評価点を算出して行います。

（クラス毎の重み付け）÷（事故発生頻度）×（クラス毎の事故発生確率％）＝当該クラスの評価点

Σ（クラスⅠ～Ⅳまでの評価点）＝当該ハザードの評価点

　評価点をもとに、さらにAからJのランク分けをします。このランク分けがあるので、評価点が検査員によって多少差異があっても、結果（ランク）は大差にはなりません。

　なお、評価点およびランクは、評価シート裏面（図1右側）のRATING欄に表記されます。さらに、評価シート裏面のRATING SCORES AFTER IMPROVEMENT欄には、危険度を改善させるために行うべき改修内容と、それを実施した後の再評価結果（ランク）が表記されます。

⑷　システムの運用について

　29の項目ごとに評価してそれぞれAからJのランクを付けるところまでが、HHSRSの評価です。A～Cにランク付けされると「カテゴリー1」となり、このランクでは、家主に改善する義務が生じます。

　イギリスの地域自治体には、1860年代から住民に対して居住環境の改善を指示できる権限が与えられてきた、という歴史があります。住宅の検査・評価や、その結果による家主への改善義務命

令等が、地域自治体の役目となっているのです。

地域自治体は国内に380あり、ここには、食品衛生、大気汚染、労働環境、住宅環境を監視する担当者（公務員）がいます。この仕組みがあることで、HHSRSの検査要員を公費でまかなうことができているのです。

HHSRSの検査をできる者は全国で3000名ほど存在し、2～3件／日の検査が実施されています。年間10数万件を評価しているとすれば、20年で全住居を検査できることになるわけです。

限定された検査員による評価の良いところは、評価項目が変わったり法制が変わったりするときに、柔軟に迅速に対応できることです。検査員が現場での評価に活用するためのPDA（携帯情報端末）も実用化されています（図3参照）。

図3：HHSRS検査員が携行するPDA

いまでは、HHSRSの評価結果により、住宅の賃料が左右されるようになっています。

HHSRSによる検査は、賃貸住居の居住者が、地域自治体に検査を依頼して行われます。「カテゴリー1」と診断されれば、前述のように、家主に改善が義務付けられることになります。また、持ち家の場合でも、高齢者で家の改修の資金が捻出できない場合などには、この検査を受けることで、ローンの優遇制度などの自治体の経済的支援を活用できます。

② オランダにおける健康住宅チェックリスト

(1) 健康住宅チェックリストの概要

　健康住宅チェックリストは、居住者が回答することで評価がえられるシステムで、別途として専門家によるバージョンの予定もありましたが、それは出版されていません。居住者用として、web版と冊子版が用意されています。

　このシステムは、SBR（Stichting Bouw Research　建設研究協会）、OTB（デルフト大学付属研究所）、Woonbond（住宅組合）が共同し、研究者E. HasselaarとO. van Rijsbergenによって開発されたシステムで、2005年より利用が開始されました。

　まずWoonbondに所属していたHassellar博士が、健康住宅のチェックリストの開発を開始し、調査員が住宅を調査するための検査シートをつくるという位置付けでした。その後、協会が行うことは難しいということがわかってきたのです。建物所有者が自身の建物の悪い点をわざわざ調べるということは難しく、また、費用をどのように負担するかも問題となりました。また、換気の問題が大きかったため、別に換気の注意点を示すパフレットのようなものが作成されました。

　このような経緯を経て、居住者向けの健康住宅チェックリストが作られることになりました。チェック項目の重み付けに関しては、明確な科学的根拠があるわけではなく、経験に基づいた数字が提案されています。「どのように行動していますか？」など、居住者の視点で作成されているという点が特徴的です。例えば、「掃除がしやすいですか？」というように聞くのではなく、掃除

をしていますか？」というような質問を行っています。図4に健康住宅チェックリストの表紙を示しました。

図4 Healthy and Safety Housing Checklist 冊子版 表紙

(2) システムの特徴

　このシステムの特徴は、住宅の物理的・設備的な条件だけでなく、居住者による使い方に重きが置かれているところにあります。また、回答に際して専門的な知識が必要ないところも特徴としてあげられます。結果として、AからDのランク付けと改良アドバイスが提示されます。(冊子版では、さらに4段階の評価が付加されています。) 図5にHealthy and Safety Housing Checklist web版スタートページを示します。

図5　Healthy and Safety Housing Checklist web版スタートページ

出所：Toetslijst Gezond en Veilig Wonen／web版（2005）
【和訳】住宅の健康と安全チェックテストへようこそ。テストに答えることで、あなたがどの程度健康にあるいは安全に住んでいるかのアイディアが得られます。健康と安全に影響する状況は多数存在します。この環境は、第一に住宅の質、特に質の低さに関連します。また、あなたや同居人による改装、および使い方も重要です。
このテストは、借主、貸主ともに使うことができます。

(3) 評価の手順

　最初に、各評価項目に対して、用意する機器・測定の位置・測定手順など、詳細に測定の方法が指定されており、それに従って測定を行い、決められた記録フォーマットの項目に記入していきます。その後、判定方法に従って、AからDのレベルを決定します。この判定はポイントの合算で決定され、41項目の判定結果は、最終の結果シートHealthy Mapへ記入されます。
　評価項目を表1に示します。web版には113の設問があり、その順番および分類の名称などは異なるものの、内容は以下の項目

でほぼ網羅されています。

表1 Healthy and Safety Housing Checklistの評価項目

ventilation quality	換気性能
1	inlet	給気口
2	circulation and overflow	循環および排出
3	exhaust	排気口
4	infiltration	間風
5	flushing	全換気
mould and house dust mite	カビ、家ダニ
6	visible mould	みえるカビ
7	invisible mould	みえないカビ
8	mattress	マットレス
9	soft, damp or old flooring or soft old furniture	柔らかく湿度の高い古い床材、あるいは柔らかく古い家具
aerosols	エアロゾル（浮遊粒子状物質）
10	outdoor PM 2.5	屋外の粉塵
11	radon	ラドン
12	tabacco smoke	タバコ煙
13	bio-aerosols : pets	生物性のエアロゾル
legionella and chemical	レジオネラ、化学物質
14	buffer of water, taking a shower	滞留水によるシャワー利用
15	TVOC	総揮発性有機化合物
16	NO_2, SO_2	二酸化窒素、二酸化硫黄
17	heavy metals, lead, pesticides, toxic substances	重金属、鉛、殺虫剤、有毒物質
noise	騒音
18	ambient noise	環境雑音
19	technical noise	機械騒音

20	social noise	近隣騒音
comfort and safety		快適性と安全性
21	extreme high temperature	過剰な暑さ
22	daylight	昼光
23	personal injury : falls, cuts, bruises	怪我（落下、切傷、痣）
24	scalds, burns	火傷
25	electric shock	感電
26	drowning	溺死
27	trespassing	住宅侵入
privacy and social care		プライバシーと社会的ケア
28	access to outdoor (semi-) public space	屋外の(セミ)公共空間へのアクセス
29	access with aids (when mobility impaired)	補助によるアクセス（移動に障害がある場合）

出所　Health performance of housing（2006）

VI 設計コンペより

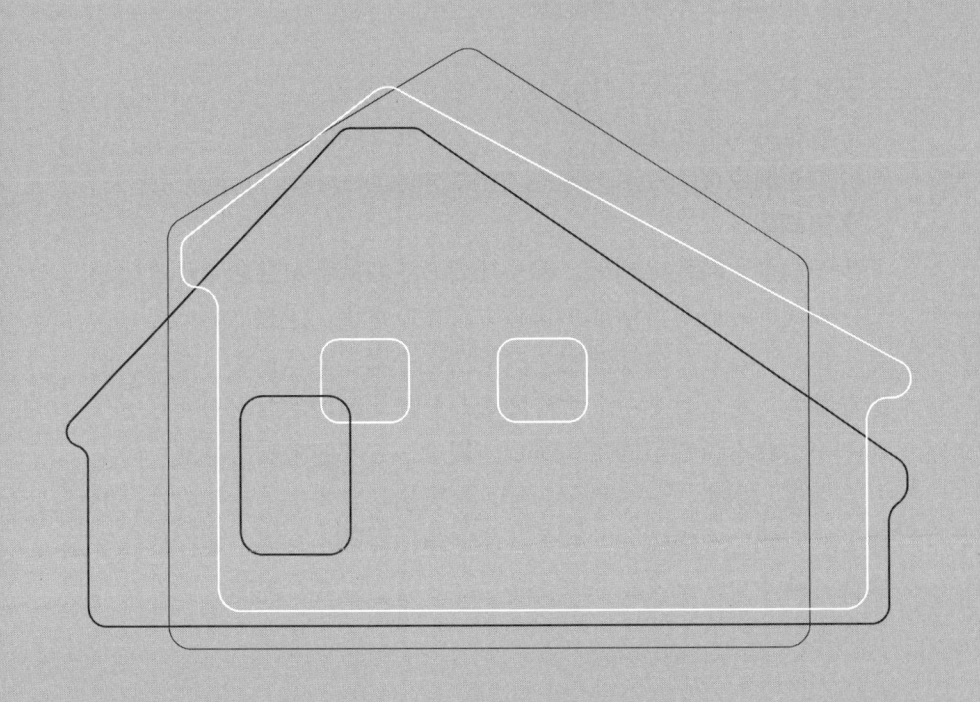

① コンペの概要について

東京大学大学院 新領域創成科学研究科
社会文化環境学専攻 准教授 　清家　剛

　健康維持増進住宅コンソーシアムでは、プロジェクトの一環として、平成20年度に設計コンペティションを開催しています。このコンペは、健康という概念を広げるようなスタンスで幅広く提案を求めるために構想し、実施したものです。その概要を、次に示します。

❶　コンペの概要

＜タイトル＞
　健康維持増進住宅設計コンペティション2008-2009
　「人を健康にする住空間―住空間が健康のためにできること―」
＜募集概要＞
　少子高齢化時代の到来により社会の活力低下が懸念されるなかで、国民の健康維持増進が求められています。住宅においても、キーワードとしての「健康」が重要性を増しています。では、健康な暮らしをプロモートする住まいとはどのようなものでしょうか――これを探る目的で、新しい視点から「健康維持増進」のあり方を指し示すコンペティションを実施します。求めるのは、健康という概念を幅広くとらえ、住宅単体に限定せず、建材や住宅設備、ライフスタイルやコミュニティなども含む幅広い視点からの提案です。

<趣旨>
　住空間が健康のために貢献できることは何か、を探る目的で、新しい視点から「健康維持増進」のあり方を指し示すような提案を求める設計コンペティションを実施します。
　　Ａ．中山間地域での健康な暮らしと健康な住まい
　　Ｂ．都市的地域での健康な暮らしと健康な住まい
ＡまたはＢのいずれかを選んで提案をしてください。具体的な敷地条件、家族構成、住宅の規模、また戸建住宅、集合住宅の別は問いません。

<応募資格>
　建築・住宅に関わる実務者及び研究者、学生など

<審査員>
　審査委員長：隈　研吾（建築家／慶応義塾大学）
　副 委 員 長：小泉雅生（首都大学東京大学院／コンソーシアム設計部会長）
　審　　査　　員：田辺新一（早稲田大学／コンソーシアム健康増進部会長）
　　　　　　　：手塚由比（手塚建築研究所）
　　　　　　　：東嶋和子（科学ジャーナリスト）
　　　　　　　：吉野　博（東北大学大学院／コンソーシアム健康影響低減部会長）

２　コンペの応募総数と１次審査について

　応募は2009年３月13日に締め切られました。
　応募総数は308件と、多数にのぼりました。応募者の内訳は、学生164件、その他144件となっており、学生が半分を占めています。テーマＡとＢでは、Ａが90件、Ｂが218件で、都市的地域を

選択した応募が多数でした。

　1次審査では、審査員が全ての提案を見たうえで推薦作をそれぞれあげ、その推薦されたものについてさらに議論して、優秀な作品の中から、ある程度タイプの異なる作品を選定しました。その結果、公開審査に参加できる1次審査通過作品として、13件が選定されました。

③　2次審査

　2次審査は、3月26日（木）に、建築会館で公開で行われました。13作品のプレゼンテーションが、発表5分・質疑5分で実施され、引き続いて審査に進み、最優秀賞2、優秀賞1点、審査員特別賞3点、入選7点という結果となりました。

最優秀賞：「パッシブウォールでアクティブライフ」
　　　　　　山本洋史（東京ガス㈱省エネルギー・新エネルギープロジェクトグループ）
　　　　　　勝濱大輔（㈱勝濱建築研究所）
最優秀賞：「gradation」
　　　　　　中西由美子（九州大学大学院）
優秀賞：「多気候の家」
　　　　　　辺見祐希、渡邊譲（武蔵工業大学大学院）
隈研吾賞：「パッシブ・コミュニティ・ハウス」
　　　　　　畑山慶（(有)アトテーブル）
手塚由比賞：「しつらえのない家としつらえられた庭」
　　　　　　土屋敬祐（慶応義塾大学大学院）
東嶋和子賞：「ソラマド／電気のない住宅」
　　　　　　横井創馬
佳作：「ベランダの家」
　　　　　　田熊亮史、堰川岳（宇都宮大学大学院）

佳　　作：「ROOM WASHER」
　　　　　　松原祐美子（㈱竹中工務店　設計部）
佳　　作：「まちの書物庫」
　　　　　　川鍋道広（武蔵野美術大学）
佳　　作：「「おハナレさん」が街をゆく」
　　　　　　齋藤隆太郎（㈱竹中工務店　設計部）
佳　　作：「Satoyama Village」
　　　　　　馬越重治、大豆生田亘（㈱エス・コンセプト）
佳　　作：「超低層キノコのいえ」
　　　　　　多鹿祐司
佳　　作：「からだぢからをつける……ウェットリビングのあるくらし」
　　　　　　吉岡亨、中野勝三、加茂みどり、田中雅人、
　　　　　　小西久美子、水野成容、山田明仁、
　　　　　　志波徹（大阪ガス㈱）
　　　　　　森吉裕志（ナチュラルワークス（有））

④　入賞作からみる健康維持増進住宅の考え方

　応募者は、学生から大手建設会社の社員、設計事務所の設計者まで、バラエティーに富んだ顔ぶれとなり、提案内容は多岐に渡るものとなりました。審査員からも、「健康という概念が幅広く捉えられているのを改めて感じた」という感想が出されました。
　最優秀賞の「パッシブウォールでアクティブライフ」は、住宅が貢献できる健康に真正面から取り組んでいて、改修による普及・波及性を視野に入れている点が評価されました。もう一つの最優秀賞の「gradation」では、住宅の中で身体と接触し続ける床の仕上げに着目し、床の材料や仕上げを変化させることで住宅

が直接人間の健康に影響を与える可能性を示した点が評価されました。優秀賞の「多気候の家」は、家がマスクをするというわかりやすいコンセプトと、それを住宅に展開するための建具や外壁のあり方の可能性を示した点が評価されました。以下に詳細を示します。

まず、最優秀賞2点のうちのひとつ、東京ガス省エネルギー・新エネルギープロジェクトグループの山本洋史氏と勝濱建築研究所の勝濱大輔氏による「パッシブウォールでアクティブライフ」(写真①参照)は、都市的地域での健康な暮らしと住まいを、築25年程度の戸建て住宅の改修を想定して提案したものです。子育ての終わった夫婦二人暮らしの高齢者という設定で、不要になった子供室を廃し、吹き抜けのある明るい一室空間をつくり、同時に、太陽光や地熱を利用する蓄熱型の輻射冷暖房システムにより可能となるパッシブな壁面の仕組みを提案しています。住宅を快適にすることで高齢者をアクティブな暮らしに導き、健康を維持してもらおうという意図による設計がなされていました。

審査委員からは、「健康というテーマに真正面から取り組んだ」(隈氏)、「少子高齢化時代における建築のニューフロンティアとなりうる提案」(科学ジャーナリストの東嶋和子氏)との評価を受けました。

もう一つの最優秀賞の、九州大学大学院の中西由美子氏による「gradation」(写真②参照)は、中山間地域での健康な暮らしと住まいを、生活する人の「足」に着目して提案したものです。屋外から屋内へ移動するに従い、床の材質を少しずつ変えてグラデーションをつくり、住まい手は、床材に応じて履き物を替えながら、足の裏からの感触を楽しみます。屋外のデッキには丸太の原木、屋内でも外に近い廊下などには堅い木材を使い、奥へ進むと床は板から布、最後には紙の重なりへと変化します。置かれる履き物も、トレッキングブーツや長靴といったハードなものか

ら、スリッパやルームシューズ、靴下を経て、最後には素足へと至るといったストーリーになっています。

「建築的なプランに落とし込むとさらによかった」(建築家、首都大学東京大学院准教授の小泉雅生氏)との意見はありましたが、身体のうちでも建築と常に接し合う部分として、足に着目した点が評価されました。

優秀賞の武蔵工業大学大学院の辺見祐希氏・渡邊譲氏による「多気候の家」(写真③参照)は、組み合わせる素材により異なる機能を持つことができる不織布を用いた住宅の提案となっており、気候を人工的につくり出すのではなく、変化する気候と不織布によりできた異なる気候に対して人が動き選択する住空間の提案です。

浴室などの湿気の多い場所や、逆に、クローゼットのように湿気の少ない場所があるように、住宅内でも"気候"が異なります。不織布マスクにヒントを得て、抗菌や湿度調整、消臭など、役割の違うフィルターを重ね、住宅内の気候の異なる空間を仕切り、居住者が選んで生活できるようにしたものです。

5　全体の傾向と健康の捉え方

　コンペ作品を通して健康にかかわるさまざまな視点が示されたのは、評価されるべきことです。

　一方で、自由なテーマ設定で応募したために、それぞれの健康に対する提案内容が幅広な回答となっている点も否めません。最優秀賞、優秀賞ともに、それぞれのパターンの中で優秀だとされたため、作品ごとに、評価したポイントが異なっています。その面では、やや焦点が絞り込めなかったというような印象が残りました。

　応募作品全体としての傾向としては、健康を屋外・自然との関係に求めた提案と、コミュニケーションに求めた提案が多く、308件の応募件数中で、コミュニケーションが中心的なキーワードに上げられているものが100件を超えていました。コミュニティをはぐくみ、コミュニケーションの場を創出する、といったアプローチのものが目立っていたといえます。入選作のいくつかが、これに相当する作品です。

　住環境にコミュニケーションの場を創出することを否定する人はおそらくいないでしょう。しかし、これが健康とどのようにつながるのかとなると、その説明にはむずかしいものがあります。誰もが漠然と、健康にもよい効果をもたらすと思ってはいるものの、空気質や温熱環境のようには定量的な検証はできません。

　身体的な健康については、住環境においても、シックハウス対策や温熱・湿度対策、睡眠など、すでにさまざまなアプローチから対応が進んでいますが、将来は、こうしたコミュニケーションの効果などの評価も確立していく、あるいは設計の中でこうした場を造っていくことを促進することが、重要となるでしょう。

　そのほかにも、外部空間の緑を住環境に取り込むといった提案

も目立ったものの一つです。今後の健康維持増進住宅の取り組みとしては、これら健康にはつながるではあろうが評価しにくいようなポイントをうまく取り込んでいくような、幅広のアプローチが必要だといえましょう。

写真①　最優秀作品：「パシブウォールでアクティブライフ」

(山本洋史・勝濱大輔)

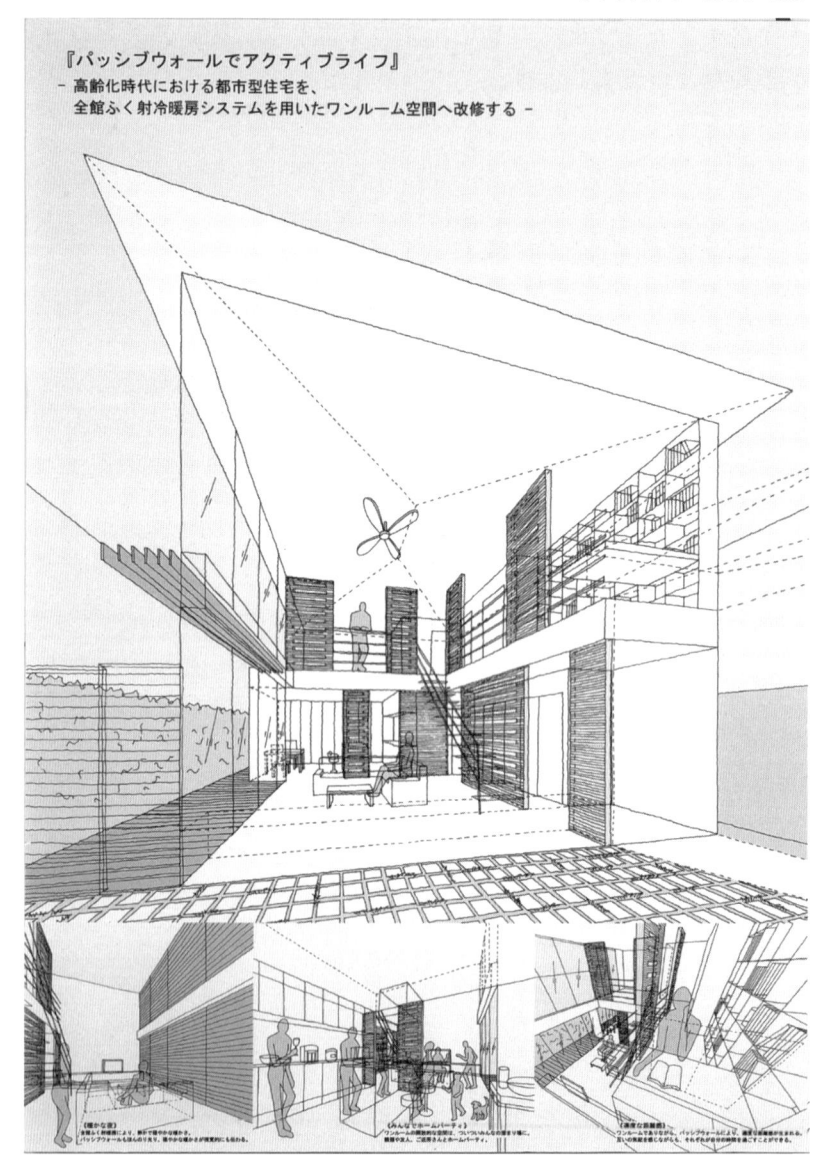

第6章 設計コンペより

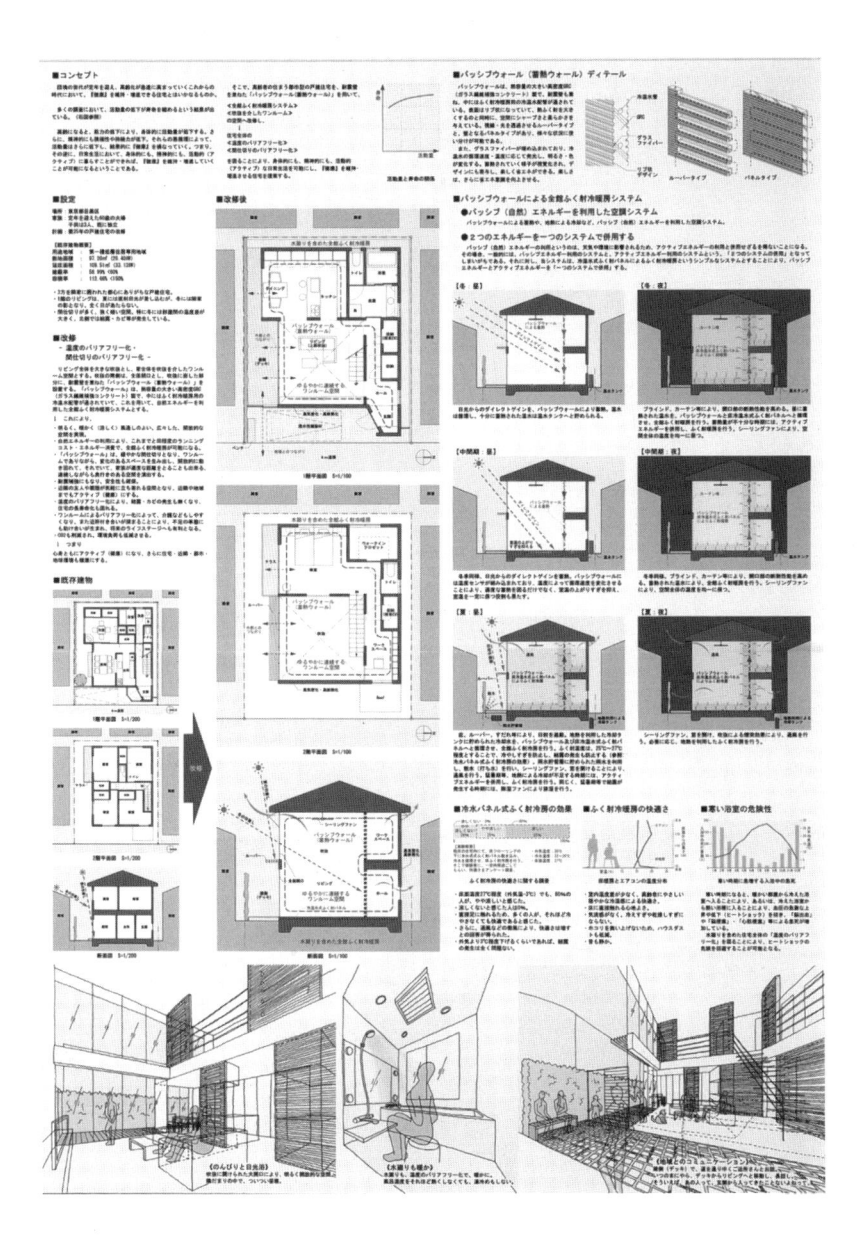

173

写真②　最優秀作品：「gradation」（中西由美子）

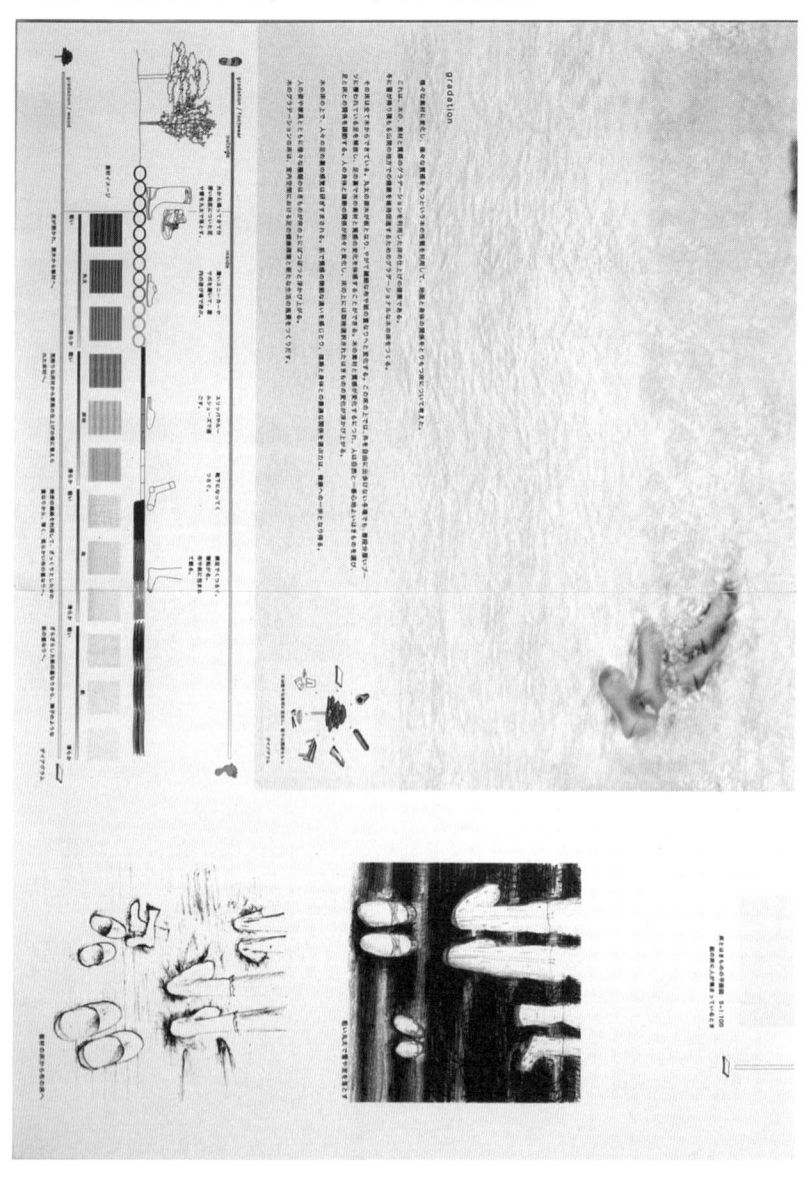

第6章　設計コンペより

写真③　優秀賞：「多気候の家」（辺見祐希、渡邊　譲）

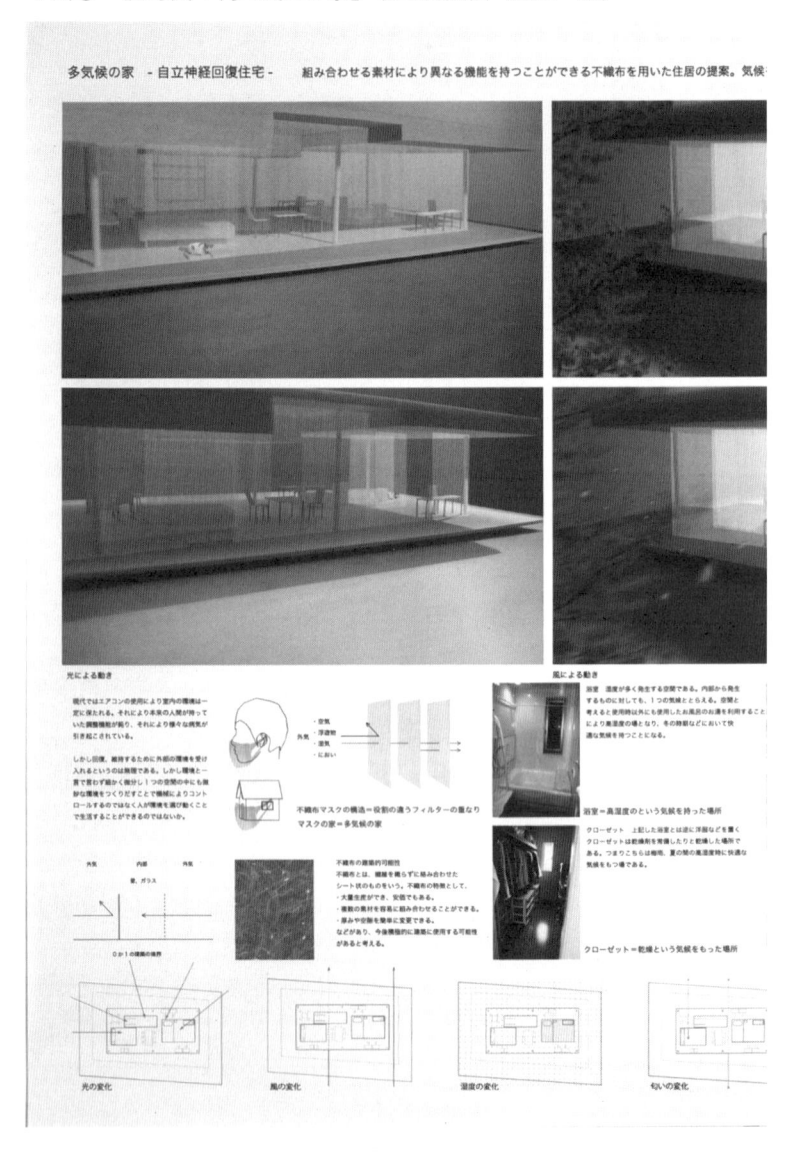

を人工的につくり出すのではなく、変化する気候と布によりできた異なる気候に対して人が動き選択する住空間。

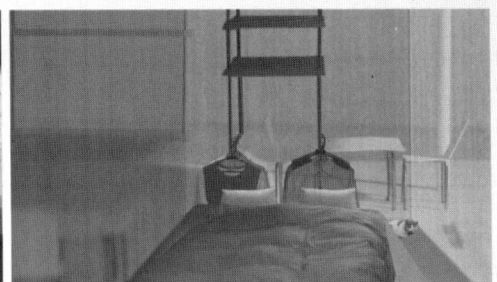

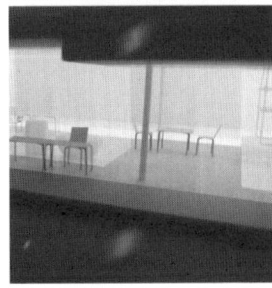

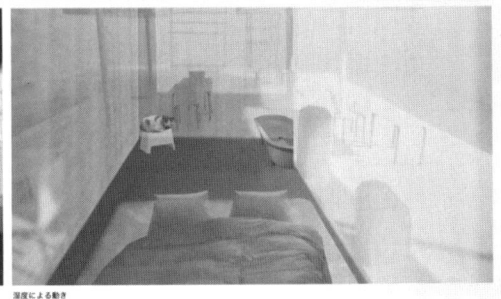

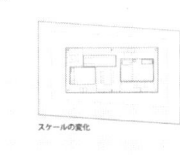

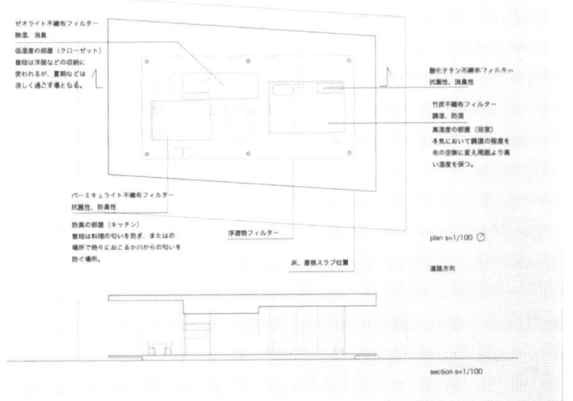

② コンペを振り返って

東京大学 教授　隈　研吾

　健康というテーマが、これほど大きな展開の可能性を持っていたとは、正直、応募案をみてみるまで想像していませんでした。しかし歴史を振り返ってみれば、住宅の歴史にとって「健康」というテーマがいかに重要であったかに驚かされます。

　産業革命によって都市の環境が悪化し、そこに生活する人間の健康が危機にさらされました。その不健康からの脱出という緊急の目的のために、さまざまな都市計画が立案されたわけであり、公園やブールバールと呼ばれる大通りも、ひとつの目的は不健康からの脱出でした。同じように、あるいはそれ以上の情熱を持って、人々は、「住宅」を通じて不健康から脱出しようと試みたのです。一般的にモダニズム建築と呼びならわされている、大きな開口部を有する白いボックススタイルの本質は、「健康住宅」だったのです。

　僕自身、実際にそれらの住宅を訪れて、その空間の具体的な新用法を目の当たりして、はじめてそのことに気づかされました。なかでも個人的に最も衝撃を受けたのは、ルドルフ・シンドラーがロサンゼルスのキングスロードに建てた自邸（1922）でした。この住宅は、まったく写真からは想像できないような、豊かな「健康生活」に溢れていたのです。シルエットはまったく平凡で、地味であるといっていいものです。工場ではなく、現場で製作した簡易型のプレキャストコンクリートパネルを土の上に立ち

上げただけですから、もちろん平屋だし、平屋としてもとりわけ低い。その平凡な外観にもかかわらず、この家が豊かで生き生きとした印象を与えるのは、この家が「自然」というものの力を、最大限に利用するデバイスを有しているからです。

　ひとつのデバイスは、庭園と室内を連続させる日本の伝統建築に通じるデバイスです。庭園と室内の床は、ほぼ同一レベルにそろっています。湿度を考慮して、床面を少しあげる日本の伝統家屋よりも、一層室内外は一体であり、ひとつにつながっています。湿度の極端に低いロサンゼルスだからこそ、この一体感が可能となったのです。

　内外のボーダーのサッシュは、木製カマチの引き戸であり、僕は思わず自分の育った戦前の庶民住宅を思い出してしまって、懐かしくなりました。床と同じレベルの庭も、一見雑然としていますが、実はかなり手の込んだ植栽がほどこされていて、荒れた日本庭園といった風情なのですが、サッシュの方がより日本風だったのです。

　自然をとりいれるためのもうひとつの印象的デバイスは、屋上のベッドでした。ロサンゼルスは、冬季以外は、ほとんど雨が降りません。ならば屋上で星空を見上げて寝たほうが健康的だという考え方が、当時のロサンゼルスで盛り上がっていました。シンドラーのまわりには、そのような運動の中心人物であるドクターもいました。そのための屋上への階段、ベッド、そしてベッドの上に天蓋をかけるためのフレームが美しくデザインされており、このデバイスによって、空という大自然が見事に建築の中にとりこまれているのです。

　庭では日本を思い出しましたが、屋上ではアフリカのサバンナの住宅を突然に思い出しました。サバンナは、砂漠のエッジに位置する乾燥した草原地帯であり、大学院時代にサハラ砂漠の南側のサバンナを2ヶ月に渡って調査してまわったことがあります。

サバンナの住宅は、草で葺いた勾配屋根のものと、すべて日干しレンガ（アドベ）で造られた陸屋根のものと2種類に大別されます。どちらの場合もいくつかのユニットがゆるやかに連結して、大家族用の複合型住宅を構成する、コンパウンドと呼ばれる形式をとっています。このうち陸屋根のユニットでは、乾季に、屋根の上で寝るのが一般的なのです。ああここロサンゼルスも、大都会のように見えるけれど、一皮むけばサバンナなのかもしれないと、その乾いた風の匂いをかぎながら、ふと思ったものでした。

　「健康」を住宅で実現するには、高度なテクノロジーを借りるという手もありますが、意外にも素朴で原始的な知恵の中に、大きなヒントがひそんでいるものなのです。今回のコンペの結果をながめていて、いよいよその思いを強くしました。テクノロジーは日々進歩するから、今日の最新テクノロジーは明日の時代遅れではあります。しかし、人間の素朴な知恵は、日本の庭園にしろ、サバンナの屋上にしろ、古びることがありません。逆に、日々、強く、たくましく見えてきます。健康というのは、人間の身体の原点に戻ることです。とするならば、それを実現するための建築も、素朴で原始的な知恵が必要なのではないでしょうか。

| 住まいのコラム |

風水と房屋病

　風水は、「古代中国の思想で、都市、住居、建物、墓などの位置の吉凶禍福を決定するために用いられてきた、気の流れを物の位置で制御する思想」（Wikipedia）であり、今でも、中国の建築設計においては、その考え方が取り入れられています。

　ところで、中国において近年、健康に悩む居住者が、ある先生の指示したとおりに家具の配置を変えたところ、健康が回復した、という例が数多く報告されています。私は現場に同行したことがありますが、上海交通大学の劉策教授は、"房屋病"に苦しむ居住者の住居を訪れ、仔細に室内の状況を観察した後、問題点を指摘し改善策を提案します。その提案に従って家具の配置を直すと、房屋病が治癒するということです。つぎは、その一例です。

　ある主婦は、健康を損なっており、3回入院したことがあります。そこで、ベッドの位置を図のように変更したところ、回復して健康になったとのことでした。

　劉教授は、これらの例を「空間環境生態学概論―住宅環境と健康」（上海交通大学出版会、2000年8月）に示しています。物理的に何が原因なのかについては明らかにされていませんが、書籍によれば、風当たりの強い角の部屋はよくないと述べられています。図の場合には、冷たい外壁に接しているために冷気流がベッドに降りてきて、人体にとって寒い環境を作っているのではないかと想像されます。

　なお、劉先生は、風水先生の言うことは当たらないことが多い、と本の中で述べていることを付言しておきましょう。

図　左はもとの配置。右は変更後でベッドが窓際から内部に移動。

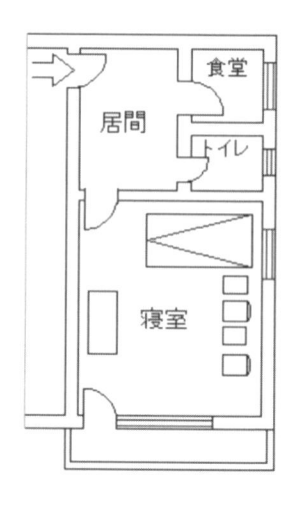

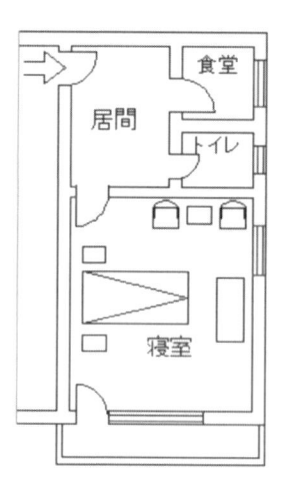

出所：劉策「空間環境生態学概論―住宅環境と健康」
上海交通大学出版会、2000年8月

（吉野　博）

著者一覧

(2009年9月現在)

氏　名	所　属	執筆内容
村上　周三	独立行政法人　建築研究所 理事長	Ⅰ−1　なぜ今、住まいの健康か—健康維持増進住宅プロジェクト—
隈　研吾	東京大学　教授	Ⅵ−2　コンペを振り返って
吉野　博	東北大学大学院 工学研究科　都市・建築学専攻 サステナブル環境構成学分野 教授	Ⅱ−1　住環境と健康度との関係 Ⅱ−3　VOCとシックハウス Ⅱ−5　ダンプビルディング Ⅴ−1　カナダ・アメリカの先進的研究事例の紹介 住まいのコラム　風水と房屋病
田辺　新一	早稲田大学 創造理工学部建築学科　教授	Ⅲ−1　健康増進住宅の考え方
小泉　雅生	首都大学東京大学院 都市環境学環建築学域　准教授	Ⅰ−3　住宅設計における健康という課題
伊香賀俊治	慶應義塾大学 理工学部システムデザイン工学科 教授	Ⅳ−3　中山間地域の健康コミュニティの事例—高知県檮原町の調査結果—
長谷川兼一	秋田県立大学 システム科学技術学部　建築環境システム学科　准教授	Ⅱ−2　アレルギー性疾患と住環境 Ⅱ−5　ダンプビルディング Ⅴ−1　カナダ・アメリカの先進的研究事例の紹介
秋元　孝之	芝浦工業大学 工学部建築工学科　教授	Ⅲ−6　健康な住まいのための冷暖房 Ⅴ−2　ヨーロッパにおける評価制度の紹介
白石　靖幸	北九州市立大学 国際環境工学部建築デザイン学科 准教授	Ⅳ−2　健康とコミュニティの関わりを探る
清家　剛	東京大学大学院 新領域創成科学研究科 社会文化環境学専攻 准教授	Ⅵ−1　コンペ概要について
坂部　貢	東海大学　医学部（医学科）基礎医学系生体構造機能学領域　教授 東海大学大学院医学研究科先端医科学専攻　教授 北里大学　北里研究所病院臨床環境医学センター　センター長	Ⅰ−2　予防医学からみた健康な住まいの必要性

氏名	所属	章	タイトル
星　旦二	首都大学東京 大学院 都市環境学部　都市システム科学専攻　教授	Ⅳ—1	健康を創り出す地域コミュニティと住居
栃原　裕	九州大学大学院 芸術工学研究院　デザイン人間科学部門　教授	Ⅱ—4	ヒートショックによる入浴死について
下田　吉之	大阪大学大学院 工学研究科　環境・エネルギー工学専攻　教授	Ⅱ—6	屋外環境の影響
鳴海　大典	大阪大学大学院 工学研究科　環境・エネルギー工学専攻　講師	Ⅱ—6	屋外環境の影響
大澤　元毅	国立保健医療科学院 建築衛生部　部長	Ⅱ—7	健康影響を減らすライフスタイル
岩前　篤	近畿大学 理工学部建築学科　教授	Ⅱ—8	健康な住まいを作る技術
信田　聡	東京大学大学院 農学生命科学研究科　准教授	Ⅲ—4	心と体に優しい木材・建材
大塚　雅之	関東学院大学 工学部建築学科　教授	Ⅲ—5	浴室のリラックス・リフレッシュ効果
都築　和代	独立行政法人　産業技術総合研究所 人間福祉医工学研究部門　環境適応研究グループ	Ⅲ—8	健康を増進する睡眠・身体活動
堤　仁美	早稲田大学 理工学術院総合研究所　客員講師　博士（工学）	Ⅲ—2	健康維持増進住宅に関するキーワード抽出のためのアンケート調査
渡邉　進介	元早稲田大学 理工学術院建築学科助手	Ⅲ—2	健康維持増進住宅に関するキーワード抽出のためのアンケート調査
水石　仁	㈱野村総合研究所 社会システムコンサルティング部　環境・資源コンサルティング室　副主任コンサルタント	Ⅲ—3 Ⅲ—7	健康増進における住宅の役割に関する生活者の認識—健康維持増進住宅に関するインターネット・アンケート— 心の健康を支えるペット・植物

健康維持増進住宅のすすめ
―なぜ今、住まいの健康か―

2009年10月20日　第1版第1刷発行

編　著　　財団法人　建築環境・省エネルギー機構
　　　　〒102-0083　東京都千代田区麹町3-5-1　全共連ビル麹町館
　　　　　　　　　　　　　　　　電話　03(3222)6681（代）
　　　　　　　　　　　　　　　　http://www.ibec.or.jp

編集協力　　健康維持増進住宅研究委員会
　　　　　　健康維持増進住宅研究コンソーシアム

発 行 者　　　　　　　　　松　林　久　行
発 行 所　　　　　　　　　株式会社 大成出版社
　　　　〒156-0042　東京都世田谷区羽根木1-7-11
　　　　　　　　　　　　電話　03(3321)4131（代）
　　　　　　　　　　　　http://www.taisei-shuppan.co.jp

Ⓒ(財)建築環境・省エネルギー機構　　　　印刷　信教印刷
　　落丁・乱丁はおとりかえいたします。
　　ISBN978-4-8028-2919-9